真相

The TRUTH

TARA 著

目錄

作者序

　　基本上，我的人生就是神性所設計的一場地獄版地球體驗旅程。從童年起，我就經歷一連串的苦難和挑戰，被侵害、生活在不安中。由於母親精神狀況不穩，長期遭受毆打，從小就三餐常常沒有飯吃，唯一的稱呼就是「白痴」，這個名字伴隨我十五年。

　　一位來自教會的善心媽媽在我國小時，開始給予幫助，我過著白天被愛與關懷包圍、晚上遭受嚴重毆打的雙重生活。

　　在讀書期間，家庭問題和生活困境多次讓我放棄學業，經過十幾年的自我怨恨，成年後，我投身創業卻遭遇自己好朋友的欺騙，損失了所有財產，甚至還有黑幫上門搗亂。我的感情生活也是波折連連，經歷了無數的起伏。一場嚴重的車禍令我一度跌入谷底，小腦受創後，在我出院時，當時的男友將我趕出家門，我的存款也被偷領走，一掃而空。

　　在每段感情關係中，我經歷了一次又一次的分合，在反反覆覆的碎裂中終於冷靜下來。這一連串的打擊最終讓我意識到，人生充滿問題，到底哪裡出了問題？

　　我開始尋求解答，深究這一切背後的原因。

最後因為朋友告訴我：你的人生都是你的責任，整個生命都是你自己選擇跟創造的。

在 26 歲碰上了覺醒的機會，只花了 5 個月覺醒，用了 4 年多超越小我（心智）剩餘的慣性，完全與宇宙達到同頻共振，記起了自己的神性，完全從世界是合一的角度欣賞地球上的所有「遊戲」，這些痛苦的經歷，讓我重新記起自己是誰，非常感激那些在我的人生遊戲中扮演各種角色的人們，是他們幫助我記起真正的身分，同樣感謝所有的朋友及學生們，是你們與我一同創造了這本書，我對你們抱持深深的感恩，覺醒後，我熱愛這整個世界，相信一切發生的，都是宇宙最美妙的安排，宇宙的安排不會有任何的錯誤，永遠都是禮物。

這本書並非僅是我的個人作品，而是與整個宇宙的高維意識共同創造的成果，因此內容來自各種高維意識的不同觀點，這本書提供多種解讀方式，讓你們的神性自由選擇如何引導你們理解和體驗。

這本書有多重的視角，讓你自由選擇喜歡哪一個來嘗試超越小我（心智）的限制性。

但請記得，你需要忽視那些來自你的小我（心智）的反

抗聲音。這種聲音不過是你的小我（心智）在維護自身存在的錯覺，但它正是你感到充滿痛苦的真正根源。如果你渴望從地球的限制框架中真正解放出來，成為一位自由的生命超級創造者，那麼超越這些小我（心智）的限制就是必經之路。

如果你依賴思考，那麼將無法真正理解這本書的內容。你需要首先放下你的思維，單純地閱讀原文。等到閱讀完畢後，再慢慢嘗試去理解，才能真正的接收這些訊息。

如果你平時不喜歡閱讀，但偶然翻到了這本書，請把它當作一個機會。書中的內容或許能幫助你擺脫生命中的痛苦，並幫助你重新創造一種充滿快樂的生活方式。

當我第一次接觸類似的書籍時，我也無法持續閱讀下去，因為小我充滿了抗拒，因此宇宙引導我分成一篇篇短小的文章，讓大家更容易消化和理解。

你可以選擇一次性讀完這本書，或者每天睡前或出門前隨意翻開一頁，從那一頁開始閱讀，讓你的神性引導你如何理解這本書，也可以按照目錄的數字選一章來查看，相信你的直覺，隨意選擇一章來閱讀。不管哪種方式，請選擇可以讓你更自由、更靈活地接近這些文字，無論是隨機翻閱或是跟隨直覺選擇，我相信這都是宇宙為你安排的最佳方式。

　　實際上，我們來到地球，並不是為了沉溺痛苦中，而是為了參與一場我們精心設計的生命體驗遊戲。

　　我們大多數在遊戲開始時就自行選擇遺失了攻略手冊，現在只能在迷茫中摸索，試圖找出如何超越。這不僅是挑戰，更是這場遊戲的真正趣味所在，不是嗎？這種巧妙的設計讓我們忘記了自己是遊戲的設計者，讓一切顯得更加刺激真實。

　　所有的神都已告訴世界，我們與祂們一樣擁有神性，但卻選擇崇拜祂們，而非理解祂們傳達的訊息。在這場遊戲中，我們設計了忘記自己真實身份的環節，以便通過各種關卡，喚醒我們的神性。

　　如果你恰好看到這本書，這可能是你神性被喚醒的開端，提醒你重新認識自己的真實身份。你擁有成為生命的創造者的無窮創造力，能夠成為自己生活的主宰，塑造出你夢想的的生命體驗。只要你記住自己是誰，你就擁有無窮的創造力，通往平靜與圓滿。一旦你超越了小我（遊戲中的角色）的限制，你就會成為一個完全自由的意識。

　　祝福這些內容為你帶來新的感受和啟發，幫助你全面喚醒自己的真實身份，超越一切限制性的認同，引領你通往完全自由生命旅程，直達所有的「真相」。

Chapter 01

在這無限宇宙網路中，
我們每個人都是一個獨特的節點，
透過學習、創造，與世界交流。
我們的每一思想、每一行動，
不僅塑造了自己的故事，
也連接著這個宇宙的無限可能。

　　當我們在夜晚仰望繁星點點的天空，不禁會思考那些遙遠星辰背後的秘密。這些星星不只是夜空中的裝飾，它們是我們宇宙資料庫的一部分，一個浩瀚、複雜且充滿奇蹟的故事。

　　假如將宇宙視為一個巨大的網路，儲存著從星系運動到地球上每一片葉子、每一滴水的訊息。這些訊息就像網路中的數據，被儲存在不同的數據庫中，持續的擴充和更新。

　　在這個宇宙網路中，我們的大腦就像一台高效能的電腦，連接著這個無限的資料庫。

　　當我們學習新事物、體驗新的感覺或者進行思考時，我們的大腦就在從這個宇宙網路中下載所需的訊息。

　　這個過程就像我們使用電腦或手機從網路上下載資料一樣。

　　例如，當你學習騎自行車時，你的大腦從周圍的環境中接收訊息——比如平衡感、車子的速度和方向，然後處理這些訊息，幫助你學會如何保持平衡和控制自行車。

　　我們的意識在這一過程中扮演了關鍵的角色，它就像是電腦的作業系統。

它管理著從宇宙網路下載的訊息，並將其轉化為我們可以理解和反應的形式。

就像電腦的作業系統幫助處理、組織和呈現從網路下載的資料一樣，我們的意識幫助我們理解和處理從這個宇宙網路中來的訊息。

舉例來說，當你觀察一朵花時，你的眼睛（感官）接收到來自花朵的視覺訊息，然後你的大腦（電腦）處理這些訊息，你的意識（作業系統）則幫助你認識這是一朵花，並可能喚起關於花的記憶或感受。

這一過程不僅展示了我們如何從宇宙中接收和解讀信息，還展示了我們如何將這些訊息與我們的經驗和記憶相結合，形成一個連貫的認識過程。

但我們的大腦不僅僅是被動地接收訊息，它還能創造訊息。

這就像電腦可以創建新的文件或圖像一樣。

例如，當一位作家構思一個故事情節時，他的大腦正在創造一個全新的故事世界。

這些故事可能包含從宇宙網路中下載的訊息（如歷史事件、科學知識等），但以獨特的組合和表達方式呈現。

這樣的創造過程不僅是訊息的再加工，更是我們對宇宙故事的個人化詮釋和貢獻。

我們的日常生活中充斥著從宇宙網路下載和創造訊息的例子。

無論是學習新技能、解決問題，還是享受音樂和藝術，甚至在夢境中，我們的大腦都在不斷地處理、創造和重組新訊息。

我們的每一個行動、每一個思考，甚至我們的每一種情感，都與這個宇宙網路有著不可分割的聯繫。

我們不僅從宇宙網路中獲取信息，我們的存在本身就是這個網路的一部分。

每當我們分享我們的故事、我們的知識，甚至是我們的情感時，我們都在為這個宇宙網路貢獻我們自己的數據。

宇宙既是一個網路，也是一個大型的數據庫，每個存在都有其獨特的信息和價值。

微小的細菌到巨大的星系，從地球上的風景到遙遠星空的光芒，每一部分都是宇宙網路中的重要節點，儲存著宇宙故事的片段。

當我們開始理解這一點，我們的世界觀和自我認知開始發生變化。

我們不再僅僅是被動的信息接收者，而是積極的參與者，與宇宙網路中的每一個元素相互作用、相互影響。

我們不僅是觀察宇宙的生物，更是宇宙故事的共同創作者。

每當我們進行科學研究、藝術創作或哲學思考時，我們都在以自己的方式解讀和增添宇宙網路的內容。

這不僅是一種知識上的探索，更是一種精神上的連接，是我們與宇宙進行深刻的訊息交流。

透過這種連接，我們開始更加深刻地理解我們與他人、自然和整個宇宙的關係。

每一個人際互動、每一次對自然界的觀察，甚至是我們對日常生活的反思，都成為了我們與宇宙交流的一部分。

我們的行為和決定不僅影響著我們自己的生活，也在宇宙網路中產生波紋效應，影響著周圍的人和環境，也擴展了我們對時間和空間的理解。

我們開始意識到，過去、現在和未來在這個宇宙網路中緊密相連。

我們的歷史、當前的經驗和未來的可能性都在這個巨大的網路中相互交織。

隨著我們在這個宇宙網路中繼續探索，我們會發現自己的無限潛能。

我們不僅能夠學習和吸收來自宇宙的訊息，還能夠創造和傳遞新的訊息。

我們每個人都有能力影響這個宇宙故事的走向，無論是透過我們的思想、創造還是行動。

我們每個人都是這個宇宙不可或缺的一部分。我們的生活、夢想和追求不僅對自己重要，也對整個宇宙有著特殊的意義。

在這個無邊無際的宇宙網路中，我們每個人都有自己的位置，每個人都在以自己的方式豐富這個宇宙的故事。

我們每個人都可以被看作是一個獨特的節點，連接著周圍的其他節點。

就像在一個龐大的網路中，每個節點都有自己的位置和功能，人們在這個宇宙網路中也各自扮演著獨特的角色。

我們每個人不僅接收和傳遞信息，還在透過我們的行為、思想和情感與其他人進行交流和互動。

每一次交流、每一次合作，甚至每一次衝突和解決衝突的過程，都是節點之間的互動。

這些互動不僅影響著參與其中的個體，也影響著整個網路的結構和功能。

我們的關係網成為了訊息流動的管道，影響著我們如何看待世界、如何做出決定，甚至如何塑造我們的未來。

每個人都對這個宇宙網路有著重要的影響。

我們的任何行為語言思想，都能在這個網路中傳播開來，影響著更多的人。

每個人都有能力在這個宇宙網路中創造正面的改變，無論是在我們的社區、工作場所，還是在我們的家庭和朋友圈

中，都需要更加重視人際關係的價值。

　　每一個人都是這個宇宙故事的重要部分，我們的連接和互動構成了宇宙豐富多彩的網路。

　　透過這些連接，我們不僅在共同編織著宇宙的敘事，也在豐富和深化我們自己的生命經驗。

Chapter 02

我們每個人都生活在自己的宇宙之中，
不自覺地被個人雲端中的限制信念所圍繞。
但當我們開始覺察並改變這些信念，
就為自己開啟了一條超越界限
探索無限可能的新道路。

在這個數位化與快節奏的時代裡，我們經常追求外部技術和工具來擴展我們的知識與能力。然而，我們往往忽視了最強大且最原始的資源——我們自身的「個人雲端」。

「個人雲端」可以被看作是我們無形的數據庫，儲存著我們所有的記憶、學習、感受，以及那些無形中塑造了我們信念系統和行為模式的經驗。它不僅涵蓋了我們個人生命歷程中積累的資訊，還包括了家族歷史、文化，甚至是我們在其他時空維度和生命中的經歷。這意味著每個人都是一個獨特的宇宙，擁有無限的可能性和深度。

這些深層的信念無形中塑造了我們對世界的看法和我們的行為模式。

而覺察則是釋放自我和探索自由的關鍵工具，賦予我們辨識、理解以及決定如何回應「個人雲端」中隱藏的資訊流的能力。這種覺察帶來的自由，不僅僅是改變行為的層面，它深刻影響著我們對自我和生命的整體看法。

在這個轉變的過程中，我們學會了不再自動地與那些過時的、限制性的信念產生共鳴。我們開始以觀察者的身份，從更高的視角來觀察它們。這種做法不僅使我們能見證自己情緒和反應的波動，更重要的是學會了這些情緒和反應並不

定義我們的本質。使用覺察會為我們提供了全新的選擇——這些選擇不是基於過去的模式，而是基於當下的認識。

每一件事和每一次選擇因此成為了我們透過覺察、學習和成長的機會。這些經歷不再是我們所恐懼或逃避的，而是讓我們釋放那些不再服務於我們的舊信念的途徑，使我們能夠發現自己真正的力量。透過覺察，我們學會了平和地接受生命中的一切，無論是喜悅還是挑戰，都被視為成長之路上的寶貴資源。

這種深層的內在平靜源於對生命的深刻信任和對自己能力的安全感。我們會知道，不論生命路上遇到何種情況，我們都配備了覺察和自由選擇的權利，以平靜和智慧的心態體驗和應對。這不僅是一種被動的接受，而是一種積極的、有意識的擁抱，我們將對於生命路上任何出現情況的深刻認知，知道我們都有能力以覺察和自由選擇的方式來面對和體驗生命。透過對「個人雲端」的深入理解和覺察的實踐，我們不僅釋放了自我，也開始以一種更和諧、更連結的方式與周遭的世界互動。這是一種從內而外的轉變，使我們在接受生命中的一切的同時，也找到了內在的平和與智慧，實現了真正的自由和成長。

例子：假設你經常在工作中感到壓力過大，可能是因為

你內心深處有一個信念，如果自己沒有不斷加班或成績出色，就意味著自己不夠優秀。這種信念可能來自於童年時期父母的期望，或者是早期職業生涯的經歷。通過覺察，你開始認識到，這種壓力感實際上源自於你對工作的內在看法，而這種看法只是「個人雲端」中的信息之一。當你開始作為一位觀察者來審視這些壓力的根源時，你會發現自己有能力改變這些看法，比如設定更合理的目標，學習在工作與生活之間找到平衡。

同樣地，在建立親密關係時遇到的挑戰，也可以通過覺察來克服。許多人在這方面的困難，往往源於內心深處的信念——例如認為自己不配被愛，或親密關係終將帶來傷害。這些信念可能來自於過去的經歷。透過覺察，我們可以開始理解這些信念如何在不知不覺中影響著我們的行為和選擇，並開始探索新的互動方式，逐步建立起信任和開放性。

這些生活中的例子展示了覺察如何使我們能夠識別和釋放「個人雲端」中那些不再有益的信念，從而選擇一種更健康、更平衡的生活方式。透過覺察，我們不僅能夠釋放那些限制性的舊信念，還能在這一過程中發現自己真正的力量和自由，學會平靜地接受生命中的一切，從而與周遭的世界建立起更和諧、更連結的關係。

　　你的哪些核心信念可能來自於過去，而這些信念如何塑造了你目前的生活方式？（請閉上眼睛，詢問我有哪些核心信念，將會浮現出來）

　　當你面對挑戰或困難時，是否嘗試過與你的更高自我（直覺）產生連結，從中找到力量和指引的？

　　當你感到迷茫或壓力時，你可以如何幫助自己靜心聆聽那個始終知道下一步該怎麼做的內在聲音？試著設定一種方法去實踐，能夠幫助你清晰的與你的高我對話，幫助你在任何生活挑戰中找到恰當的方向和力量。

Chapter 03

超越「小我」，
是從個人化的數位空間拓展至無限的意識海洋，
一場解鎖心靈在深度覺察與宇宙連結的靈性之旅。

要理解「小我」這個概念時，我們可以想像成個人化的數位空間，類似於我們每次登入自己的電腦或手機時所進入的專屬環境。在這個空間裡，每一個文件夾、應用程式、照片和文檔都經過個人選擇和偏好而訂製，形成一個有效管理數位生活的系統。

這個數位空間代表了我們的喜好和記憶，成為身份的一部分，但這些數位內容及其組織方式並不能完全代表我們作為一個完整人格的全部，它們只是我們自我表達和自我理解的一部分。

「小我」也是我們在這個世界上扮演的一個角色，包含性格、習慣、記憶和社會身份等，是我們在物質世界中互動和表達自己的方式。這就如同在角色扮演遊戲中，玩家通過選擇的角色體驗遊戲世界。「小我」背後的「大我」或「高我」才是我們真正的本質，超越時間和空間的限制，是一個連接所有存在的純粹意識。

超越「小我」，就像是從一個緊縮的、以自我為中心的視角擴展到一個更開闊、包容和連結一切的視角。這過程中，我們不僅學習超越自我中心的局限，還學會與更廣闊的存在和意識狀態建立聯繫，達到更深層次的自我認識和宇宙認識。為了體驗到高我狀態，需要培養對自身內在狀態的深刻覺察，

包括思想、情緒、信念和態度。這需要進行持續的自我反思和內在探索，透過冥想、正念練習、靈性導引等練習，會逐步剝離小我所深信的各種限制性，也會體驗到更純粹、更本質的自我。

這是一個持續的旅程，涉及到不斷的學習、實踐和轉化。隨著我們逐漸接觸到自己的真我，我們開始體驗到更深的內在平靜、愛和喜悅，並以更和諧、有意義的方式與他人和周圍世界互動。

回想一次你強烈情緒反應的情境，這種反應就是「小我」的特徵

當你最近一次經歷強烈情緒時，當下有哪些激烈的想法？

　　你是否能分辨這些想法中哪些是你「小我」的表現，例如自我保護、恐懼、自我批評或對控制的渴望？

_____

_____

_____

_____

_____

_____

Chapter 04

小我就像是你的社交媒體個人檔案——
選擇性地展示自己的一部分，充滿界限與過濾；
而高我則是整個網路與資料庫本身，
傳遞著宇宙智慧的每一絲細微訊息，
無所不含，無所不在。

「小我」的個體化身分 -

我們可以把它想像成我們在電腦或網路上使用的一個帳號,就像是我們在社交媒體或電子郵件中的個人檔案。這個帳號幫助我們跟網路的世界互動,比如發郵件、發動態、上傳自己的生活照片。但是,這個帳號只展示了我們想讓人看到的一部分,並不完全代表真正的我們。

而「大我」或「高我」就像是我們心裡的本質,遠遠超越了這些帳號或個人檔案。它不是被一個帳號或者社交媒體的個人介紹所限定,而是更深、更全面的我們。「高我」連接著我們所有人,讓我們感覺到彼此之間的關聯,並且觸及我們內心真正的自我和平靜。

要接觸和體驗高我,我們需要透過深度的自我反思、冥想和正念練習等方法,逐步剝離那些限制我們認識自己真實本質的障礙。這是一個逐漸發現和連接到我們內在更深層次的旅程,充滿了學習、成長和轉化,最終導向一種更和諧、有意義的生活方式,以及對自身本質和宇宙的更深刻理解。

小我與高我的區分也反應了人類存在的兩個維度:物質和靈性。物質層面的小我關注於日常生活的實際需求、社會角色和個人成就,而靈性層面的高我則關注於內在的和諧、

智慧的積累和與整個宇宙的聯繫。這兩個層面並非相互排斥，而是互相輔助，是靈性成長的關鍵。

我們大部分的內在聲音都是來自小我。

小我會由於過去經驗，不斷地做出認知與定義，形成一種內在的對話和自我認同。這些內在聲音往往是我們自我保護機制的一部分，幫助我們應對外界的挑戰和壓力。但這些聲音也可能限制了我們的視野，讓我們陷入過去的模式中，不容易接受新的可能性和變化。

小我的存在並非全然是負面的，它也是通往更高自我的一座橋樑。當我們有意識地探索內在深處，學會欣賞當下、接受自身的不完美，我們就開始了向高我轉化的旅程。這個過程中，我們不僅學會如何活在當下，更重要的是學會了如何超越當下，探索那些超越物質世界的深層真理。

透過這個轉化過程，我們開始意識到自己與他人以及整個宇宙之間的深層聯繫。我們學會了以一種更加開放和包容的心態來看待生活中的挑戰和機會，並且發現了內在的力量和平靜。這種轉化不僅豐富了我們的個人生活，也使我們能夠以一種更有意義和和諧的方式與周遭的世界互動。

　　靈性的旅程是關於發現和實現我們真正的本質，超越了表面的自我認識，觸及到那個連接我們與宇宙萬物的深層自我。透過不斷的自我探索和內在成長，我們不僅豐富了自己的生活經驗，也為整個人類社會的進步和和諧做出了貢獻。在這個過程中，我們學會了將內在的聲音視為成長的催化劑，而不是障礙，從而開啟了通往更深層次自我認識和宇宙理解的大門。

Chapter 05

在接受與放下中，我們超越了小我的束縛，
用愛的力量開啟了覺醒之門，
找到了真正的自由。

「小我」的情緒動態

　　「小我」是我們情緒反應的核心，它使我們能夠感受到喜怒哀樂。這些情緒反應往往基於個人的過去經驗和內在的恐懼，有時會使我們困於情緒的牢籠中，無法客觀地看待情況或超越短期的情緒反應。這種情緒上的困境可能影響我們的決策和人際關係，限制我們的成長和進步。

防衛機制與恐懼

　　為了保護自己免受心理傷害，「小我」常啟動各種防衛機制，包括否認、投射、合理化等。這些機制可以短暫地減輕我們的痛苦和焦慮，但過度依賴會阻礙面對和解決問題的能力，並可能導致深層的心理問題。「小我」的恐懼不僅限於身體上的傷害，也包括對失敗、拒絕或不被接受的恐懼，這些恐懼經常限制了我們的行為和選擇。

自我中心

　　「小我」的自我中心特質驅使我們關注個人的需求和滿足，這是生存和發展的基礎。過度的自我關注可能導致自私和缺乏同情心。

變化與成長的掙扎

面對變化和不確定性時,「小我」往往感到恐慌和抵抗。但成長往往伴隨著變化和挑戰,要求我們跳出舒適區,面對未知和不確定性。小我偏愛熟悉的環境和可預測的結果,這種偏好會阻礙個人成長和進步。

認同感和歸屬感

「小我」深切影響著我們對自我認同和歸屬感的感受社交互動、文化背景和個人經歷來塑造我們對自己的看法,以及我們如何將自己定位於更廣闊的社會和群體中。

執著和放下

「小我」經常表現出對過去經歷、物質物品、甚至是特定想法或信念的執著。這種執著阻礙我們接受新的經驗或改變,有時甚至導致心理上的痛苦。學會放下,不被過去的經驗或物質擁有所束縛,是超越「小我」限制的一個重要步驟,意味著在心靈層面釋放那些執著和慾望。這種放下帶來的不僅是內心的自由,也為更深層次的靈性覺醒鋪平了道路。

對比和競爭

　　「小我」常常驅使我們與他人進行對比和競爭，以確立自我價值和社會地位。雖然一定程度的競爭可以激勵人們努力進步，但過度的對比和競爭可能導致羨慕、嫉妒和不滿，影響人際關係的和諧，也讓我們永遠慾望無法被滿足。

抵抗與接受

　　面對生活中的挑戰和困難時，「小我」的自然反應往往是抵抗，這反映了我們對不確定性和不舒服狀態的恐懼。抵抗往往會增加我們的痛苦。學會接受現實，並在接受中尋找成長的機會，是克服這種抵抗、實現內心平靜的關鍵。

自我反思與成長

　　儘管「小我」可能帶來許多挑戰，它也提供了自我反思和成長的機會。通過觀察和理解「小我」的反應模式，我們可以學習如何更好地管理自己的情緒，如何與他人建立更健康的關係，以及如何在個人成長的道路上邁出積極的步伐。

「小我」的恐懼與愛的力量

　　「小我」的恐懼是我們靈性旅程中必須面對的挑戰。這些恐懼反映了我們與內在神性的分離感。透過轉向內在，並

與我們的「高我」建立連接，我們學會用無條件的愛來取代恐懼。愛是宇宙的基本原則，也是超越「小我」限制，實現真正自由的關鍵。

　　想一想最近一次你感到需要保護自己不受情緒傷害的情境。那時候，你是如何反應的？

_____

_____

_____

_____

_____

　　例如：你是否試圖否認某些事實，或是將責任推給他人？

_____

_____

_____

_____

_____

當你試圖保護自己不受傷害時，那些激烈的情緒是來自哪裡？這些情緒是否與過去的經歷有關？試著探索這些情緒背後的深層原因。

_____

_____

_____

_____

在你保護自己的過程中，是否有意識到這是一種防衛機制？這種防衛行為是否有助於你的長期幸福和成長，還是只是短期內的逃避？

_____

_____

_____

_____

_____

Chapter 06

在這場地球的遊戲裡，我們是靈魂的探險者，
選擇遺忘「高我」，
只為了全身心地投入這場遊戲，
從中再次發掘此行的目的，
最終將我們收集的經驗和智慧作為珍貴的數據，
奉獻給宇宙的數據庫。

在這個宇宙中，我們的意識超越了身體的界限，與整個宇宙的數據庫建立了深刻的連結。這種與宇宙相連的精神狀態，被稱為「高我」。高我不僅是我們的本質，還知道我們的過去、現在和未來，是我們更高層次的意識狀態，包含了更深遠的智慧和對宇宙法則的理解，而「小我」則是我們在物質世界中的身份，受限於個人經歷、文化背景和社會條件的影響。

在現代社會的忙碌與物質追求中，我們常忘記自己的真正本質，誤以為自己只是一個肉體的存在。我們把自己的身份等同於工作、關係或社會地位，忽略了自己實際上是一個靈魂，正在這個物質世界中體驗各種經歷。這個世界如同一個遊戲場，我們選擇性地忘記了自己真正的身份，使得這個「遊戲」能看起來更加真實和充滿挑戰。我們從更高的維度降臨到這個物理世界，開始了一段全新的旅程，選擇忘記是為了獲得全新的體驗和學習，目的是在我們最終回歸宇宙時，能夠為宇宙帶來新的數據，擴展數據庫。

高我是遊戲中的創造者、守護者和指導者，從宏觀的視角觀看整個遊戲，理解遊戲的規則和終極目標。

通過與高我合一，我們可以獲得宇宙智慧的引導和啟示，幫助我們在物質世界中作出明智的決策，實現超越小我。在

物質世界中，我們扮演著多種角色，從孩童到成人，從學生到老師，從初學者到專家。這些角色帶來獨特的經歷和挑戰，推動我們成長，教會我們愛、同情、耐心和謙卑。隨著時間的推移，我們開始認同這些暫時的身份，忘記它們僅是我們在物質世界旅程中的臨時角色。這些角色是我們靈魂旅程中不可或缺的一部分，幫助我們學習和成長。

通過這些旅程，我們最終會重新發現自己的真正身份，回歸到「玩家」的視角，繼續我們的生命旅程。在這過程中，高我是那個內在的引導聲音，幫助我們導航生命，度過每個時刻。高我是我們與宇宙智慧和靈性本質連結的橋梁，知道我們的所有願望和恐懼，以我們難以理解的方式引導我們穿越生活的挑戰，促進我們靈魂的成長，編排我們的地球遊戲。

　　反思一下你日常生活中的自我認同，你如何看待自己是一個物質世界中的角色（如職業、社會地位）？你是否意識到這些角色只是暫時的，不代表你真正的自我？

　　回顧你在日常生活中所扮演的角色，這些角色是如何直接影響你的情感反應和行為模式的？

　　現在你意識到在生活中扮演的各種角色都是臨時的，你可以如何利用這種意識來塑造一個更真實、更符合內在的生活方式的？

Chapter 07

我們是宇宙的創造者與體驗者，
擁有塑造命運和探索無限可能性的獨特機會。
生命的藍圖並非早已確定，
而是我們與更高智慧共同編織的作品。
透過每一次的選擇和經歷，
我們既是這故事的編劇也是主角。

　　我們的生活就像一場大型的虛擬實境遊戲時，在這場遊戲中，每一個經歷，都不是隨機發生的，而是一系列精心設計的關卡，目的在於超越小我，與高我的視角達到合一，這個過程的終極目標，並非是達成某些外在成就，而是關注於我們的內在成長與轉變。

　　這場遊戲的設計者，是我們的更高智慧「高我」所精心佈置了每一個關卡，引導我們深入探索自我，挑戰極限，從而實現自我超越。這種超越不僅是對個人能力的提升，更是一種對生命深層次理解和接納的過程。讓我們學會從更高的視角觀察自己的生活，在各種情況下保持內心的和諧與平衡，與神性的視角是合一的。

　　假如你是這款遊戲的設計師，你會如何創造出能挑戰玩家也能讓他們內在成長的關卡？你可能會設計讓玩家面對自己的恐懼、克服內心障礙的任務，讓他們學會放下限制性的想法，並開始體會到與他人和世界連結的深刻意義。

　　在這場生命的遊戲中，超越小我並非馬上達到的，而是一個持續的過程。每一次的失敗，都是我們的高我為了促進我們內在轉變而精心安排的。這些經歷教會我們在困境中找到力量，在失敗中看見靈魂的機會，以及在挑戰中發現自我超越的可能。

　　高我並不關心我們在物質層面上的成就或體驗，而是更加關注我們是否能從內心深處實現轉變，是否能從一個更高的視角來理解和接納生命的各種經歷。無論面對何種困難或挑戰，真正的勝利在於我們是否能超越小我，保持內在的和諧與平衡，從每一次的經歷中提煉出寶貴的教訓，並將這些體驗轉化為推動自己進化的動力。

　　面對恐懼，並與高我視角達到合一，成為了我們實現這一轉變的關鍵步驟。

　　這種視角使我們能夠在生活中的每一刻都保持覺察，無論是在平凡的日常中，還是在生命中重大的轉折點上。

　　這個由我們的高我設計的生命遊戲，讓我們漸漸成為了自己生命的創造者，自己靈魂進化的主導者，實現了從內在到外在的喜悅與平靜。

　　在你的生活中，有哪些恐懼似乎反覆出現，不斷挑戰你的內在平靜？

_____

_____

_____

　　試著深入思考這些恐懼是如何成為你成長的關卡，並反覆引導你與小我認同。

_____

_____

_____

　　當你感到準備好時，請先深呼吸，讓自己的心情平靜下來。慢慢地，對照上面的寫出的內容再次閱讀並感受內在。

　　接下來，輕聲或在心中說出：我選擇接受這些感受與信念，並放手！讓更高的神性來！

　　這是一個將自己交付於內在更高智慧的過程，接下來靜靜感受，接受和臣服帶來的變化。片刻的平靜後，再次問：還有剩下的感受或恐懼嗎？允許自己完全感受這些殘留的情緒。如果需要，繼續使用上述的句子，將自己的感受和恐懼臣服於你的更高智慧，讓它引導你處理這些情緒。

　　通過這個過程，你將能更深入地了解自己的內在狀態，並逐步學會如何以更高的覺知和智慧來轉化和解決生活中的困擾。

Chapter 08

我們透過每一個選擇，
我們向宇宙表達著自己要創造的生命故事，
彼此間的這場無言對話，
正塑造著我們獨特的生命經驗。

　　你的生活就像是在玩一場大型連線的遊戲，而你手中握有遊戲控制器，擁有了對這場遊戲的主導權。有意識的生活，就像你清楚地知道每一次按下控制器按鈕的後果，每一個動作都是經過深思熟慮的選擇。這樣的生活方式需要你在面對每一個決定時，都會深入思考：「我為什麼這麼選擇？背後的動機是什麼？」

　　例如：今天你選擇走路去上班而非開車，這個決定可能是基於希望增加身體活動，減少碳排放對環境的影響，或是想要享受清晨的寧靜。

　　這就是有意識生活的表現，你明白自己這麼做的深層原因，這個選擇反應出了你對健康、環保的信念，以及對生活品質的追求，也意味著你開始更加關注自己的內心感受。

　　當遭遇挑戰或不順心的事情時，不是盲目反應，你會停下來，深入探究：「這件事為什麼會觸動我？它反映了我內心的哪些部分？」透過這樣的自我對話，你能夠更好地理解自己的情緒，以及驅動自己這樣去做反應的背後動機。

　　有意識生活需要的是在生活中實踐，不只局限於對大決策的深思熟慮，滲透到生活的方方面面。

　　從選擇每日的飲食、安排休閒活動，到決定如何與人溝通互動，每一個看似微不足道的選擇，都是對生活態度的表現，都在塑造著你的生命經歷和未來的方向。

　　還包括了對自己行為背後動機的覺察，理解自己的行為如何影響周遭的人和環境。當你有意識地選擇來自於同理心和善意的行為時，能夠提升自己的內心感受，也能在周遭環境中散發正面的影響。

　　這是一種選擇，一種生活的藝術，需要我們在每一個當下都保持清醒，積極參與和塑造我們的生活。這種生活方式使我們能夠真正成為自己命運的主宰，每一天都充滿了意義和滿足感。當開始有意識地生活，就從個人雲端的慣性中解脫出來，成為生命舞台上的主導者，每一個選擇都是向著更充實、更美好的生活邁進的堅定步伐。

當你最後一次遇到不愉快的情況時,你是如何反應的?此刻請停下來詢問自己,這種反應背後的提醒了什麼你的恐懼或未解決的內在信念?

當你感到準備好時,請先深呼吸,讓自己的心情平靜下來。慢慢地,對照上面的寫出的內容再次閱讀並感受內在。

接下來,輕聲或在心中說出:我選擇接受這些感受與信念,並放手!讓更高的神性來!

這是一個將自己交付於內在更高智慧的過程,接下來靜靜感受,接受和臣服帶來的變化。片刻的平靜後,再次問:還有剩下的感受或恐懼嗎?允許自己完全感受這些殘留的情緒。如果需要,繼續使用上述的句子,將自己的感受和恐懼臣服於你的更高智慧,讓它引導你處理這些情緒。

通過這個過程,你將能更深入地了解自己的內在狀態,並逐步學會如何以更高的覺知和智慧來轉化和解決生活中的困擾。

Chapter 09

在無意識的森林中尋找出路，是靈魂的一場探險。

當我們開始意識到自我設限時，

就是我們開始打破框架，

找到那份來自於心靈深處的真正智慧和力量的時刻。

在現代，多數人是「無意識生活」的模式，未深入反思自己的行動背後所隱藏的動機、情緒或深層思考。這種生活態度導致無意中重複既定的行為模式，而忽略依照當下情境做出不同的選擇的機會。無意識生活，並不是指人們完全缺乏意識，而是在日常生活的許多決策和反應中，往往憑藉已形成的習慣或深信的信念來自動做出回應，而未能真正意識到背後的深層原因。

機械性反應：對外界刺激做出機械性反應，而不是深入理解自己的真實感受或需求。有些人當感到壓力時，會無意識地選擇吃零食來尋求安慰，而不是探究壓力的根源和更健康的應對方式或者面對衝突或不安，有些人會選擇沉默或逃避，不積極尋找解決方案或表達自己的真實感受。這種行為模式，雖然短期內可能帶來內心上的「安全感」，長期來看卻可能導致人際關係的疏遠和內在的不滿。

過去經驗的影響：許多人生活於無意識的狀態，行為經常受到過去生命經驗的強烈影響，也未探討自己行為背後深藏的信念、情緒或深層思維。過去經驗在我們的意識中留下深刻印記，會不自覺地重複過去的行為模式也成為未來行動的藍本，即使這些模式不再適合目前當下的情境，也沒有根據當下情境做出真正有意識的選擇，這並不代表我們完全缺

乏意識，而是許多決定和反應都是憑藉個人的習慣和信念，在無意識中自動進行的。當我們缺乏對這些經驗的深入反思和理解時，代表著我們對自己的內在世界、想法和潛力缺乏了解，就難以做出真正符合個人價值和目標的選擇。

缺乏自我反思：很少花時間去反思自己的行為、想法和情感，對於自己的內在世界缺乏深入的了解。

自動化的日常生活：生活中的許多選擇和活動是自動化的，每天走相同的路線上班、不加思索地進行日常工作，或是在不經意間就花費大量時間在社交媒體上。自動化的日常生活讓我們生命變得平淡無奇，每天重複相同的路線、相同的工作，甚至是相同的娛樂方式，這種重複會感到乏味，也讓我們漸漸失去了對生活的熱情和探索的動力。長期處於這種狀態，我們會對生活感到缺乏意義和滿足感，內心充滿空虛。

無意識生活的後果

生活在無意識狀態下會導致多種後果，包括缺乏生活滿意感、感到內在空虛、以及在人際關係和職業發展中遇到障礙。長期處於無意識生活模式會阻礙個人成長和自我實現，因為無法充分理解自己的需求和潛力，也難以做出真正符合

個人價值和目標的選擇。

　　轉向有意識生活需要時間和努力，需要增強自我意識、學習如何停下來並反思當下的選擇、以及開發並適應更有意識的行為模式。

　　無意識生活確實是多數人的模式，像機器人般，日復一日地重複相同的習慣和行為模式，往往沒有意識到自己的行為背後的動機或情感。在這樣的生活模式中，對自己的真實需求和願望可能並不清楚，只是無意識地遵循著慣性和社會期待，而缺乏對生活的深度參與和覺察。

Chapter 10

在生命的輪迴之旅中，
每個靈魂的成長與轉化不僅塑造了個人的命運，
也編織了一幅豐富多彩的人類文明畫卷。
從個人的覺醒到家庭的和諧，
到社會的進步到集體的覺醒，
我們共同在這無盡的循環中尋找意義、學習愛與寬恕，
並共同推動人類向著更高的靈性目標邁進。

在探討輪迴的深遠意義時，我們往往聚焦於個人靈魂的成長與轉化。然而，這一過程同樣在更廣泛的社會和集體層面上發生，塑造著整個人類文明的進步與演化。輪迴在個人、家庭、社會和集體層面上的起到多維作用，我們如何能夠在這些不同的層面上促進靈魂的成長和自我超越？

個人層面的輪迴與信念轉化

輪迴提供了靈魂學習、成長和轉化的無限機會。每一次輪迴不僅是一次新的開始，也是一次轉化和更新的機會。每一世的生活經驗都允許靈魂反省和重新評估其攜帶的信念系統，這些信念不僅影響著其當下的生活經驗，也決定了其如何看待自己和周圍的世界。當我們面對的挑戰和困難，實際上是靈魂成長的機遇，它們促使我們審視和重新評估自己的信念。透過這些經歷，我們學會了放下那些舊有思維，開放接納新的觀點和理解。透過不斷的生命體驗，靈魂學習放下那些不再服務於其最高最好的舊有思維模式，開放接納新的觀點和理解。這種信念的轉化是靈魂進化過程中極其重要的一部分。

家庭與靈魂群體的角色

我們的家庭，就像是一個由共同信念和課題所組合而成的靈魂群體，我們與選擇共同生活的靈魂一起，每一個成員

都扮演著特定的角色，彼此之間透過深刻的關係，從中經歷學習愛、寬恕、同理心和成長。家庭成員之間的互動提供了靈魂成長的豐富機會，使我們能夠面對和轉化內在的習氣和信念，從而促進個人和集體層面上的靈魂進化。這種安排不是隨機的，而是靈魂層面上的一種精心策劃，旨在幫助每一個成員實現其靈魂的學習目標。透過這些深刻的關係經歷，我們不僅學會了愛、寬恕和同理心，也在靈魂層面上與這些群體成員建立了深厚的聯繫。

社會和集體輪迴的深遠影響

在社會和集體層面，輪迴的概念同樣適用。整個人類文明的發展可被視為一種集體輪迴過程，其中社會信念、文化價值和集體行為模式不斷地被挑戰、評估和更新。歷史上的重大事件、社會變革和科技進步，都是集體輪迴過程中的關鍵轉折點，推動著人類文明的進步和靈性的覺醒。

面對社會和集體輪迴的挑戰

社會和集體的輪迴過程中，我們面臨著共同的挑戰和課題，如環境危機、社會不平等和文化衝突等。這些挑戰要求我們作為一個集體來反思我們的行為模式和信念系統，並尋找促進和諧、可持續發展和共同福祉的新路徑。通過集體的

努力和創新，我們能夠超越舊有的限制，開創一個更加和諧、
平衡和靈性覺醒的新時代。

促進集體輪迴的途徑

要促進在社會和集體層面上的輪迴和靈性進化，我們需
要培養更高的意識水平和更全面的視角。

這包括：對不同文化和信仰系統的理解和尊重，以促進
多元化和融合；鼓勵創新和創造性思維，以解決現代社會面
臨的挑戰；推動負責任和可持續的生活方式，以保護我們共
有的地球；支持社會正義和平等，以建立更加公平和諧的世
界；培養個人和集體的靈性實踐，如冥想、瑜伽和祈禱，來
提高我們的意識水平。通過個人和集體的努力，我們不僅能
夠在自己的靈魂旅程中取得進步和轉化，也能夠為整個宇宙
的進化貢獻我們的力量。在這個過程中，輪迴不再僅是個人
靈魂成長的階段，而是成為了整個人類和地球進化過程中的
一個關鍵力量。通過這樣的理解和實踐，我們每個人都能夠
在這個不斷變化的宇宙中找到。

豐富的生命故事

正如我們在無盡輪迴中累積了豐富的經歷，我們的靈魂
資料庫也變得更加豐富多彩。這個資料庫中的每一個故事、

每一段經歷都為我們提供了無價的智慧和洞察。隨著我們繼續在遊戲中探索新的章節，這些故事不斷的豐富了我們的內在世界。

最終，透過不斷的輪迴和探索，我們學會了超越物質世界的限制，向著更高的靈性目標邁進。每一次的輪迴、每一次的人生探索都是我們靈魂進化之路上的一個腳印，引領我們最終實現靈魂的覺醒和自由。在這個過程中，我們不僅為自己的靈魂旅程創造了無限的可能性，也為整個宇宙的進化貢獻了自己的力量。

輪迴的過程，可以看作是我們靈魂的習氣、習慣和慣性在無盡時空中的體現。這些習氣和習慣，形成於生生世世中積累的信念系統，它們深深植根於我們的靈魂記憶中，影響著我們的行為模式、思考方式以及我們所吸引的生命經歷。

習氣的形成與影響

習氣，就是我們反覆執行的行為模式，隨著時間的累積，這些模式變得根深蒂固，成為我們行為上的慣性。在靈魂的層面上，這些習氣不僅包括了物質世界中的行為，也包含了我們對情感的反應、對信念的堅持，乃至於我們對於靈性真理的理解。正是這些習氣，塑造了我們的個性，也在無形中決定了我們人生路徑的許多方面。

家庭與習氣的互動

當我們觀察自己的家庭時，會發現家庭成員之間有著複雜的互動模式，這些模式往往反映了我們內在的習氣和信念。我們選擇與特定的靈魂一起組成家庭，是因為這樣的組合能夠觸發並且反映我們內在的習氣，從而提供學習和成長的機會。透過家庭關係的鏡子，我們能夠看到自己的反映，學習如何認識、面對並最終轉化這些深層的習氣和信念。

超越習氣的旅程

每次輪迴，都是靈魂超越先前習氣、習慣和慣性的機會。透過體驗不同的人生，我們不僅積累了更豐富多彩的經驗，更重要的是，我們獲得了觀察、理解並轉化這些深層習氣的機會。正是這個過程，讓我們的靈魂得以進化，從一種固定的行為模式中解放出來，開啟新的可能性。

隨著我們對自己習氣的認識和轉化，我們開始吸引和創造出不同於過去的生命經歷。我們的選擇變得更加自由，不再僅僅受限於過去的模式，而是開始基於更高的意識水平和更純淨的意圖。這個過程不僅豐富了我們的「資料庫」，也使我們在靈性上實現了真正的自由和成長。

因此，輪迴並非僅是重複的循環，而是一個靈魂逐漸認

識、面對和轉化其內在習氣的旅程。透過不斷的學習和成長，我們的靈魂能夠進一步接近宇宙的本質，實現其最終的覺醒和自由。

想一想，在你的生活中，有哪些挑戰似乎一再出現，難以完全克服？

———————————————————————

———————————————————————

———————————————————————

想知道這些持續出現的問題可能指示著什麼深層的靈魂課題或成長需要？我們來做個小遊戲。

準備階段：請找一個安靜的地方坐下，讓自己舒適的坐或躺。進行三次深呼吸，每次吸氣時盡量填滿你的肺部，吐氣時慢慢放鬆，釋放所有的緊張。

設定內在探索的意圖：閉上眼睛，對自己說：我現在允許一切訊息出現在我的腦海中，接受一切直覺的指引。這是在告訴你的更高意識，你已經準備好接收來自內在的訊息。

提問和接收一切訊息：慢慢問自己「這些反覆出現的挑戰背後，我的靈魂試圖向我傳達哪些深層的課題或恐懼需要我去超越？」

　　靜靜地等待，不需要急於尋找答案。讓你的心靈自由的出現任何感受、影像或想法。

　　觀察與記錄：當你感覺到任何直覺回應時，不需要當下做出判斷。結束後再紀錄下這些直覺給你的訊息，這些都是來自你內在智慧的重要回應。

Chapter 11

在家族的深厚情感土壤中，
每一代人的經歷都是未說出的故事的種子。
只有當我們勇敢地挖掘這些故事，
並將它們與愛和理解的陽光灌溉，
我們才能真正治愈那些跨代的創傷，
讓新的理解和和諧在家族中生根發芽。

家族無意識與人類共有信念系統

「地球雲端」可以被看成是一個全球的知識與經驗庫，它收集了人類歷史上所有的智慧、習俗、信念和學問。每個文化、社群、家族，都在這個巨大的庫中佔有一席之地，貢獻也好，下載也罷，都在這個系統中發生著。

舉例來說，假設在世界各地普遍認為尊重長輩是一種美德，這個信念就存儲在「地球雲端」中。而你的家族可能有獨特表達尊重的方式，譬如同桌吃飯需長輩先動筷，晚輩才可開始用餐，來表達對長輩的尊敬。這種特定的行為模式和信念就儲存在你們的「家族雲端」中。

跨代創傷的無意識遺傳

關於跨代創傷，我們可以想像成「家族雲端」中的一個錯誤或病毒，這個錯誤被一代代地複製和傳播，即使家族成員可能並不清楚它的存在。

當祖父母或父母經歷創傷性事件時，比如戰爭的恐怖、經濟困難的壓力，或在成長過程中感受到情感的忽視，他們往往會發展出一套用以自我保護的信念和應對策略。這些策略可能包括壓抑情感以避免感受脆弱，或者持有一種悲觀的世界觀來預防未來的傷害。

假設你的曾祖父在戰爭中經歷了極大的創傷，而戰後他選擇沉默，不與家人分享他的痛苦和恐懼。這種沉默和未解決的創傷成為了家族雲端中的一個錯誤程式，導致你的祖父和父親也學會了在遇到困難和情感痛苦時選擇沉默，不與人分享。這樣的行為模式不僅影響了家庭成員之間的溝通和情感連接，也可能讓家族中的每一代人都在無意識中承受著相同的情感壓力。

無意識的教育過程

這些經歷形成的信念和策略並不完全通過言語傳遞。它們更多是透過行為模式、家庭成員之間的互動，甚至是家庭中反覆講述的故事來傳達的。

舉例來說，一個家庭假設擁有 "不談論問題就能使問題消失" 的信念。這樣的信念不會透過直接的語言傳達給孩子，而是透過家庭成員在面對衝突或問題時選擇沉默、忽略或轉移話題的行為中得到學習。那麼孩子們可能從未真正學會如何面對衝突或表達自己的情感需求。

在探索家庭內的無意識教育過程及孩子如何學習與模仿這些過程時，我們必須深入理解家庭不僅是生物相連的個體群，更是情感和信念共鳴的場域。家庭裡無意識教育過程的

核心，在於那些未被明言卻被日復一日實踐的行為準則和信念體系。這些準則和體系，如同空氣一般瀰漫在家庭的每一個角落，塑造著家庭成員，尤其是孩子們的心靈和世界觀。

許多家庭擁有其特定的信念系統，這些信念系統可能包括對於如何處理情感、衝突的態度，以及對外界的看法等。

孩子們觀察到這些行為，無意識中將其視為應對問題的"正確"方式，從而內化這一信念，影響了他們處理自己生活中困難的方式。

孩子們是家庭中天生的模仿者，極其敏感地捕捉到父母和其他家庭成員的每一個行為、表情和情感反應。當孩子們看到大人在面對壓力、悲傷或恐懼時選擇情感壓抑、逃避或否認，他們不僅學會了這些具體的應對策略，更從中學會了一種更深層的信念：表達情感是脆弱的，面對困難的最佳方式是避免和隱藏。

這種學習和模仿的過程，雖然在某些情況下可能幫助孩子適應特定的家庭環境，但從長遠來看，這些內化的信念和行為模式可能限制了他們的情感表達，影響了他們與他人建立健康關係的能力。孩子們長大後，在自己的人際交往、親密關係甚至是育兒方式中，可能會不自覺地重複這些模式，

從而將家族中的未解決問題和衝突無意識地傳遞給下一代。

要打破這一循環，關鍵在於家庭成員，特別是父母，開始意識到自己的行為和信念是如何影響著孩子的成長和心理發展的。通過增加對這些無意識教育過程的覺察，家庭可以逐步建立更開放的溝通方式，鼓勵情感表達和健康處理衝突，從而為孩子提供一個更加積極和支持性的成長環境。

當然可以，我們將在原有基礎上，進一步豐富和深化這兩個概念的解釋。

無意識的角色扮演

家族中的無意識角色扮演不僅源於家庭內的互動模式，也是家族成員共同經歷和應對家庭動態的一種方式。每個角色都承載著特定的期望和責任，同時也可能成為個人成長路上的隱形枷鎖。

照顧者：通常是家庭中的"堅強之人"，經常照顧其他家庭成員的情緒需求，有時甚至是在忽視自己的情緒的情況下。長期扮演照顧者角色的人可能會發現自己難以尋求支持，因為他們習慣於成為別人的支柱。

　　和平者：努力維持家庭和諧的人，經常在家庭成員之間的衝突中扮演調解者的角色。雖然這種角色有助於緩解短期的緊張，但長期來看，和平者可能會感到自己的需求和感受被忽視。

　　叛逆者：通常是家庭中的"問題孩子"，他們透過違反家庭規範來表達不滿或尋求關注。叛逆者可能是家族未解決問題的顯性表達，但這種方式經常導致他們與家庭其他成員的疏遠。

　　這些角色在家族系統中的形成和維持，往往是無意識的過程，成員們可能不完全意識到自己是如何被這些角色定義和限制的。

跨代傳遞的深度解釋

　　家族無意識的跨代傳遞是通過一系列複雜的互動過程實現的，其中包括言語溝通、非言語行為、情感表達，甚至是家族傳統和慶典中蘊含的意義和價值觀。這些溝通和互動方式共同構成了家族的文化和身份認同，也是家族創傷和衝突跨代傳遞的主要途徑。

未解決問題：例如，家族中某一代忽視或否認情感需求的行為，可能會在下一代中表現為情感冷漠或親密關係中的困難。這些問題若未被識別和解決，很容易成為家族中重複出現的模式。

衝突和創傷的傳遞：家族中的衝突和創傷，如經濟困難、失業、疾病或死亡，這些經歷和其帶來的情感反應，若未得到妥善處理，很容易通過家族成員的行為模式和情感表達被傳遞給下一代。

破解循環

在這種情況下，跨代創傷的療癒可能需要家族中的某個成員意識到這一模式，並選擇打破沉默，開始與家人分享自己的感受和經歷，從而開始修復「家族雲端」中的這個錯誤，並阻止其進一步傳播給下一代。

通過這種方式，理解家族無意識和跨代創傷，不僅有助於個人的成長和發展，也有助於整個家族系統的健康和和諧。

　　請試著識別出在你的家族中無意識中反覆出現的信念模式。這些信念有哪些是代代相傳，成為了家族的共同認知？例如，對於成功、健康、關係或財富的看法。

　　當你感到準備好時，請先深呼吸，讓自己的心情平靜下來。慢慢地，對照上面的寫出的內容再次閱讀並感受內在。

　　接下來，輕聲或在心中說出：我選擇接受這些感受與信念，並放手！讓更高的神性來！

　　這是一個將自己交付於內在更高智慧的過程，接下來靜靜感受，接受和臣服帶來的變化。片刻的平靜後，再次問：還有剩下的感受或恐懼嗎？允許自己完全感受這些殘留的情緒。如果需要，繼續使用上述的句子，將自己的感受和恐懼臣服於你的更高智慧，讓它引導你處理這些情緒。

　　通過這個過程，你將能更深入地了解自己的內在狀態，並逐步學會如何以更高的覺知和智慧來轉化和解決生活中的困擾。

Chapter 12

當我們學會從創造者的角度重新定義生命的敘事，
每一絲痛苦和遺憾便轉型成種子，
孕育出自我發現與成長的豐碩果實，
在靈魂的花園中綻放著。

你的生命就像是一場電腦遊戲，而你是這個遊戲的主角，在這場遊戲中，你會收集各種資訊，包括喜歡的和不喜歡的事物。你的「個人雲端」就是儲存這些資訊的地方，這些資訊會影響你對生命的感受和經歷。

痛苦的主觀性探討

想像一下，如果一直以來你習慣每週末與朋友外出享受昂貴的晚餐，但因為近期預算緊縮，你不得不改為自己烹飪在家用餐。起初，你可能會感到不滿或遺憾。然而，這種情感反應實際上源於你對此情況的主觀解讀，也就是你基於「個人雲端」中的資訊所作的詮釋。這種詮釋建立在將當前的狀態與過去習慣享受的昂貴晚餐相比，從而對變化產生了不滿或遺憾。

這正是痛苦的源頭所在，關鍵在於認識到這種痛苦極其主觀。當我們把目前的狀況與自認為的「理想」或「過去的美好時光」相比時，就在心中創造了差異感。這種比較可能涉及過去的自我，甚至是與他人的比較，如對社會成功標準的追求或與朋友的生活方式比較。我們對這種差異的反應，也就是痛苦感，是經過個人內在信念和價值觀「篩選」後的主觀感受。

　　若能從另一角度來看待自己烹飪的晚餐，比如提升烹飪技巧的機會，或是與家人共享更多家庭時光的珍貴時刻，我們對於這種變化的情感反應將會截然不同。這種轉變的視角可以讓原本看似失去的情況轉化為增值和成長的機會，展現了如何通過改變我們對事件的主觀解讀，從而改變我們的情感體驗。

　　重點在於認識到，生活中的許多情感反應，包括痛苦和不滿，大多源於我們對事情的主觀解讀和內在比較。當我們開始質疑這些自動化的解讀模式，並嘗試從不同角度來看待生活的各種情境時，我們就開始了內在的轉變過程。這需要我們有意識地選擇如何詮釋周遭的事件，並意識到我們對這些事件的反應完全掌握在自己手中。

　　學習將生活中的挑戰或轉變，視為成長的機會，而不是失敗或損失的象徵，可以顯著提高我們的生活質量和心理健康。這種思維方式的轉變不僅幫助我們減少不必要的痛苦，也讓我們更加積極主動地參與生命的創造過程，從而活出一個更加充實和滿足的人生。

生命的賦予與角色設定

　　我們對生命的感受，完全取決於我們怎麼看待自己和周圍的世界。包括我們的痛苦與快樂，都是基於我們對事件的

解讀和對自我角色的認知。如果你將自己定位為一個受害者，那麼在這個遊戲中，你只會遇到加害者。因為你已經在心中設定了這樣的遊戲角色和劇情，就會無意識中尋找確認這些預期的證據。

這種設定，是你對生命的預設立場，是你可以控制和改變的。

角色設定的力量

這種角色設定的力量在於它的自我實現性質。我們的腦袋跟心靈會不斷尋找與我們內在信念相匹配的信息和經驗，這些信念形成了一個篩選系統，影響我們如何感知周圍世界。透過這個過程，我們的生活故事似乎得到了我們內在預設的確認，通過這樣加強了原有的信念和角色認知。

改變的可能性

我們有能力重新定義自己的角色和故事。透過意識到自己對生命立場的主觀性和可變性，我們可以選擇擺脫受害者的角色，重新塑造一個更有力量和積極主動的自我形象。這需要我們深入探索和挑戰自己的內在信念系統，勇於面對和釋放那些限制我們視野和經驗的舊有模式。

回想一下你在生活中反覆遇到的挑戰或困難，你認為這些經歷背後的深層信念是什麼？這些信念最初來自哪裡（如家庭、文化、個人經歷）？

_____

_____

_____

你的哪些日常行為或反應模式直接受到這些深層信念的影響？這些行為如何反映了你對自己和世界的看法？

_____

_____

_____

反思一下如果你可以如何創造一個新的個人生命故事，這個故事更符合你想要的生命遊戲。這個新故事需要你放下目前的哪些核心信念？

_____

_____

_____

當你感到準備好時，請先深呼吸，讓自己的心情平靜下來。慢慢地，對照寫出的內容再次閱讀並感受內在。

接下來，輕聲或在心中說出：我選擇接受這些感受與信念，並放手！讓更高的神性來！

這是一個將自己交付於內在更高智慧的過程，接下來靜靜感受，接受和臣服帶來的變化。片刻的平靜後，再次問：還有剩下的感受或恐懼嗎？允許自己完全感受這些殘留的情緒。如果需要，繼續使用上述的句子，將自己的感受和恐懼臣服於你的更高智慧，讓它引導你處理這些情緒。

通過這個過程，你將能更深入地了解自己的內在狀態，並逐步學會如何以更高的覺知和智慧來轉化和解決生活中的困擾。

Chapter 13

提升頻率，就是用愛、感激、和慈悲的光芒，
照亮我們心靈的宇宙，
將每一個挑戰轉化為成長的機會，
讓我們的生命與整個宇宙共振於更高的和諧與智慧之中。

　　一切存在的事物，從最微小的粒子到最宏大的星系，都是能量的表現形式，而這些能量以不同的頻率和振動存在。

　　頻率，就是振動發生的速率，它是衡量每秒振動次數的單位。每種物質、思想、情緒和意識狀態都有特定的頻率。這些頻率不僅創造物質的形態和特性，也影響我們的感知、情緒和心靈狀態。

　　在我們的日常生活中，每一個際遇和每一段經歷，都與我們的內在頻率有著密切的關係，當我們的內在頻率處於較高的狀態，我們不僅吸引著更多正面的經歷，也在挑戰面前展現出更強的韌性和應對能力。

　　高頻狀態，愛、感激和慈悲，讓我們從一種更廣闊的視野來更深層的理解事物的全面面貌。當我們在面對生活中的事物時，如果我們能夠保持這種高頻狀態，我們的回應方式將本質上不同於處於低頻狀態時的反應。

　　低頻狀態，恐懼、憤怒或挫折感，往往讓我們只能看到限制性的視角，看不見除了當下苦難之外的其他可能性。

　　高頻狀態讓我們保持開放，願意接受並學習，即使是在最艱難的情況下。

　　高頻狀態也讓我們的內在智慧流動，能夠從我們的直覺和高我收取指導和靈感。

　　這種內在的引導有時會以意想不到的方式出現，幫助我們找到解決問題的方法，或讓我們從困境中尋找到出路。

　　這不代表著生活中就不會有任何困難或挑戰，這些關卡仍然會出現，但是當你處於一個更高的「頻率」時，你會更有能力從困難中找到成長的機會，並且用更建設性的方式來應對它們。

　　頻率的實際影響遠遠超出了表面的情緒或感覺。

　　頻率是宇宙中一切互動與溝通的基礎。可以看作是宇宙的語言，一種無聲卻極其強大的力量，它連結著所有事物，讓宇宙成為一個整體、互相連結的網路。

　　不同的頻率所帶來的能量品質和它們對我們內在體驗和外在現實的影響不同，正面頻率如愛、感激、慈悲和勇氣，這些較高的層次的振動，幫助我們和諧、健康和成長。

　　它們能夠提升我們的意識，幫助我們連結到更廣闊的宇宙意識和內在的智慧。透過提升我們的頻率，我們不僅能夠改善個人的生活質量，還能對周圍的人和環境產生正面的影響。

負面頻率如恐懼、憤怒、悲傷和懷疑，振動在較低的層次，導致混亂、疾病和限制。低頻率的能量阻礙了我們的成長和擴展，我們會陷入限制性的信念和模式中，遠離我們真正的潛力和宇宙的無限可能。

透過有意識的選擇思想、情感和行動，我們可以主動提升自己的頻率，影響我們所經歷的現實。這不只一個個人的修行過程，也是一個集體的演化過程。

隨著越來越多的人開始提升自己的頻率，我們作為一個集體、一個社會、甚至一個物種的振動也會隨之提升，整個地球甚至整個宇宙的和諧與平衡。

Chapter 14

宇宙回應的不是我們的言語，而是我們的頻率；
當我們學會以正面能量、感激和開放性的振動
來塑造我們的意圖，
我們便開始以意想不到的方式塑造我們的現實，
證明了我們內在振動的力量與
宇宙的無限可能之間的神聖連結。

　　宇宙中的一切，包括我們自己，都是由能量構成的。這些能量以不同的頻率和振動存在，形成了我們可感知和不可感知的現實。通過我的個人經歷，我開始更加深入地理解這些抽象概念是如何實實在在地影響日常生活的。我曾經因為工作的壓力和身體的疲勞，非常希望能夠有機會逃離日常生活，甚至渴望能有兩年的時間來休息和恢復。那時候，我的心裡充滿了不滿和抱怨，我的內在頻率也因此充斥著負面的振動。這樣的振動最終在我的生活中顯化成了一場車禍，這場意外不僅造成了我的小腦受傷，還迫使我不得不停下來，真正休息了兩年。這件事教會我一個深刻的真理：宇宙其實是一個精密的反饋系統，它會以一種直接的方式回應我們的振動頻率。每一個念頭和情緒都像是我們發射到宇宙中的信號，這些信號會吸引到與它們頻率匹配的經歷回到我們的生活中。這不僅僅是「正面思考」那麼簡單，而是關於我們整個能量場的質量，這個能量場是由我們的思想、情感、信念和期望共同構成的。

　　當我希望自己能夠休息兩年的時候，我那時的內在頻率，其實是充滿了對當下狀態的不滿和抱怨。而這些負面的振動，在向宇宙發送了一個信息，我渴望改變，但這種渴望是建立在抗拒和不滿之上的。宇宙其實只是單純地回應了我當時的頻率，這是一種自然的、中性的反應機制，宇宙並不會評判

我們的願望是否「正確」或「錯誤」。你的意識或者說你的注意力，是塑造能量的工具。當你將注意力集中在某個念頭、情緒或信念上時，你就是在賦予它能量產生頻率，成為你現實的一部分。這是創造過程的核心——你所專注的，就是你所創造的。

當我們設定一個目標或願望時，我們的意圖不僅僅是一個靜態的想法，而是一個動態的能量過程，這個過程能夠塑造我們的現實。如果我們的意圖背後充滿了正面的能量、感激和開放性，那麼我們發出的振動就會吸引到更多正面的經歷和機遇。如果我們的意圖背後潛藏著恐懼、憤怒或抗拒，那麼我們也可能無意中吸引到更多我們不希望遇到的情況。當我們設定目標或有所渴望時，需要更加留意自己的內在狀態，並且要意識到為了達到這些目標，可能會吸引到一些我們從未想要或預料到的後果。

無論是意識到還是無意識中，我們都在塑造生命中的生活狀況、遭遇的人和事，健康和幸福，某種程度上都是我們內在振動的直接反映，雖然我們無法控制外部世界的所有事件，但我們總是可以控制我們對這些事件的反應。

我們有能力選擇我們的念頭和情緒，並通過這些選擇來改變我們的振動頻率。

回想一下你過去強烈渴望改變的時刻。你是如何通過念頭、情緒和信念塑造那些經歷的？這些經歷如何反應出當時的內在狀態？

_____

_____

_____

_____

_____

思考一次你認為「不幸」或「意外」的經歷。從宇宙系統的視角來看，這給你帶來了哪些深刻的啟示或學習？

_____

_____

_____

_____

_____

Chapter 15

當你的「小我」開始編織故事，
提醒自己這些故事只是過去經驗的迴響，
不是當下的真實。
學會觀察而不被牽引，
是走向自由和真正活在當下的關鍵。

「小我」的假設性

當你在周日晚上思考即將到來的工作日時，「小我」可能會提醒你，明天見到老闆會有不愉快的對話，或者你將面臨重大的工作壓力。

這些預測可能會使你感到焦慮、緊張甚至恐懼。但這真的是基於實際情況，還是只是你的小我基於過往經驗的自動反應？

這些預測未必有任何實際的證據，而是小我基於過去的模式和情緒偏差所做的假設。

這些預測可能基於你之前和老闆的互動，或者是來自於你對於工作場合的一般焦慮。

這些假設性的想法大多是「小我」根據過去情緒經驗而產生的一種自動反應。這種反應往往是保護性的，讓你能應對預期中的威脅，即使這種威脅可能根本不存在。

小我的這種假設性行為，讓我們在沒有足夠證據的情況下就做出消極預測，影響我們的情緒狀態和行為選擇，錯過活在這個當下的機會。

　　小我善於講述各種故事，這些故事往往充滿了對未來的悲觀預測和對過去不愉快經歷的重演。這種能力，雖然在某些情況下可以作為一種防禦機制保護我們，但也經常限制了我們的視野，阻止我們看到其他更積極、更有可能的結果。

　　為了超越小我的這種敘事能力，我們需要學會質疑這些內在故事的真實性。

　　活在當下的挑戰，主要來自於我們的「小我」所創造的無數故事和預測，這些故事和預測很容易將我們的注意力從當前的體驗中抽離，導致我們的情緒被未來的擔憂或過去的回憶所綁架。當我們過於關注未來可能發生的負面事件，或者沉浸於過去的不愉快經歷中時，我們就無法感受到當下的美好，錯過了真正與生活連結的機會。

「小我」的干擾

　　小我經常以恐懼、擔憂和後悔的形式出現，試圖保護我們免於受到傷害。這種過度的保護實際上限制了我們的生活體驗。當我們擔心即將到來的工作時，可能會錯過與家人共度的寶貴時光，或者當我們因為過去的失敗而感到不安時，可能就不敢再次嘗試，而阻礙了個人的成長和發展。

活在當下的重要性

活在當下意味著將全神貫注放在當前的經歷上，欣賞身邊發生的每一件小事，並且接受無法控制一切。

活在當下是一種生活藝術，放下對過去的懷念和對未來的擔憂，將注意力集中在眼前的每一刻，對生活中看似平凡無奇的細節給予更多的注意和欣賞，可能是早晨第一縷陽光，一杯咖啡的香味，或是與家人共享的一頓晚餐。

這些簡單的事物，當我們用心去感受時，都能帶來深刻的滿足和快樂。

這種生活方式雖然聽起來簡單，但需要不斷的練習和自我提醒。當我們能夠真正做到活在當下，我們會發現生活中充滿了未被發掘的美好和機會。

發現更多的樂趣和可能性

當我們活在當下，我們開始以新的眼光看待周圍的世界，發現那些之前忽略的細節、樂趣和可能性。這種覺醒可以激發我們的創造力，鼓勵我們嘗試新事物，開啟新的生活方式。

活在當下不僅是一種生活的選擇和態度，更是一種生活的藝術。

如何與「小我」的故事保持距離

解決這個問題的關鍵在於學會觀察自己的「小我」而不被完全牽引。

當你發現「小我」開始講故事時，提醒自己這些只是基於某些資訊和假設的想法。透過問問自己：「這些想法可以幫助我嗎？或即使這發生了，又怎樣？」來幫助自己從虛構的擔憂中解脫出來。

學會接納並放下

認識到小我的作用後，學會接納這些想法的存在，同時也知道你可以不被它們所支配，擁有選擇的自由權利。

將這些只是資訊的想法放下，你就能更自由地活在當下，享受生活中的每一個瞬間。

小我容易導致我們偏離當下的存在。學會與它保持適當的距離，並不讓它創造的故事決定我們的情緒和行動，我們應該成為自己思想的篩選者。

　　當感到焦慮或恐懼時，你能否識別出這些情緒背後「小我」的故事？怎樣才能更客觀地評估這些故事的真實性，而不是立刻將它們當作事實？

　　你可以如何培養對「小我」敘事的覺察力，從而能在它試圖主導我的思考和情緒時，可以如何設計如何提醒自己停止反應？

Chapter 16

在生命的遊戲中，
超越分別心的旅程，
透過每一次的選擇和每一場輪迴，
不斷豐富靈魂的經歷，
學習如何在命定的章節與自由意志之間
寫出獨一無二的故事。

　　超越分別的心，我們對生活經驗的評價，往往是來自與他人或以往經驗的比較，而非事件或狀態本身的絕對價值。這種比較是建立在分別心之上的，即對事物進行判斷和分類的心理過程。

　　在日常生活中，分別心使我們將世界看作由無數相互獨立、具有固定屬性的實體組成。這種觀點讓我們根據自己的喜好以及過往的經驗來分類和評價這些實體。例如，我們可能會將一種食物視為「美味的」，而將另一種食物視為「不好吃的」，這種評價完全基於個人的口味偏好。

　　當我們深入理解並體驗到分別心的本質時，會開始認識到這種基於比較的思維方式如何限制了我們對生命的全面體驗。痛苦往往源於對事物的執著和對比較的依賴，而非生命事件本身。超越分別心意味著學會觀察和接受每一刻的事物，而不是用過往的經驗或未來的期望來過濾它們。

　　人生這場遊戲，是在你出生之前就已經決定了一部分遊戲架構。這個大綱包含了一些固定的章節、關卡和基礎角色設定，它們是無法改變的，比如你出生的地方、家庭和一些生命中的關鍵事件。這就好比一款遊戲片，劇情發展裡必須包含的幾個章節，不管你怎麼發展，這些章節都是不會變的，這些章節就是你必須觸發的事件。

　　除了這些固定的章節之外，遊戲中還有很多自由探索的觸發事件等待著你來發掘。這些探索選擇代表了你的自由意志，你可以在這遊戲過程中留下任何你想要的故事。每一個決定、每一次選擇，都是你在這角色上留下的故事。

　　有些人可能選擇根據既定的大綱去完成任務，而有些人則可能嘗試在這些章節之間探索全新的故事和可能性。

　　而所謂的「頻率」，可以理解為你在遊戲中所處的狀態。你的心情好，思路清晰，積極探索，你就能夠寫出更加豐富、更有深度的故事。你的心情不佳，思維混亂，那麼你的故事可能就會受到影響。提升自己的「頻率」，就像是提升你的狀態，讓你能夠更自由地在這本書上創作出屬於自己的故事。

　　輪迴，就好比是你不斷地重複玩著這款遊戲，從首頁按下重新開始遊戲的過程。每一次人生，就像是一次全新的嘗試，你可以在前一次的基礎上做出調整，嘗試不同的故事線，學習新的課題。隨著每一次輪迴的經歷，你的「資料庫」變得越來越豐富，你對如何寫出一本精彩書籍的理解也會越來越深刻。

　　我們的生命既是由命定的章節構成，也是由我們每一次自由意志的選擇所書寫的故事。通過不斷地提升自己的「頻

率」、擴展自己的視野，我們有機會在這本書中探索更多的
可能性，豐富我們的靈魂經歷，最終達到靈魂的成長和進化。

Chapter 17

時間不是我們追逐的影子，而是我們編織的認知；
在這個由繽紛與灰暗視窗構成的數位空間裡，
每一刻都是我們自由解讀和珍貴體驗的機會。

　　我們的生活像是在用一台電腦，在這台電腦上，每一個經歷、每一個情感、每一段記憶都像是一個個獨立的視窗。這些視窗可能有的是繽紛的，有的是灰暗的，但每一個都貢獻了一塊獨特的拼圖，組成了我們所認知的「小我」。時間不是一條從過去通往未來的直線，而是這些視窗疊加、交錯形成的多維度網路。

　　當我們回顧童年，那些明亮或陰暗的視窗就會浮現；當我們思考青少年時期，又會有不同的視窗出現。這些視窗，大的小的，繽紛的灰暗的，共同構成了我們的記憶，形成了我們對時間的認知。但時間其實是非常主觀的，我們每個人感受到的時間都是不同的，這取決於我們所處的環境、我們的心情，以及我們所相信的信念系統，假設你正在閱讀一本非常吸引人的小說，你完全沉浸在故事中，幾個小時就這樣不知不覺地過去了。這幾個小時對你來說，感覺就像幾分鐘一樣短暫。這裡，時間的流逝是由你的投入和享受程度決定的，而不是客觀的鐘錶時間。

　　另一方面，如果你在等待一個重要的電話，即使只有十分鐘，也可能感覺像是永遠一樣長。在這種情況下，你的焦慮和期待讓時間變得緩慢而痛苦。

　　小我，會用各種方式解釋和體驗時間的差異。每個人都

有自己的一個個人雲端，這個雲端存儲了所有的視窗，所有的記憶和經歷。時間，並不是外在的、客觀存在的，它只活在我們的個人雲端裡面，只能通過我們的大腦來閱讀和感受。

它不是鐘表上的指針移動，而是一個深刻的、個人化的體驗，每個人都以自己獨特的方式來經歷和感受時間。

時間其實只是這個地球虛擬世界中流傳的信念資訊之一。就像我們在電腦上開啟的不同視窗一樣，時間也是我們人類社會共同創造出來的一種「系統設定」，用來幫助我們生活、安排活動，與他人合作。

我曾經不止一次的思考過，如果時間是真實的，那這個資訊應該是統一的，並且全部人類一樣，但目前我們確實存在著各國的時間差異，所以我們人類社會對時間的測量和使用，確實是來自我們的生活需求和社會結構所設計出來的系統，時差的存在就是這種設計的一個例子。

在這個大型的地球虛擬世界裡，時間是一種概念，被創造出來是為了給我們的經驗提供生存結構，我們創建了日曆、鐘表和時區，來幫助我們更好地組織社會活動、安排工作和休息時間，以及與遠距離的人們進行協作和溝通。在這個意義上，時間確實是人類為了生存和社會發展而設計的一套系

統。就像是給無數經歷和記憶的畫上網格。我們用它來計劃未來，回顧過去，並且嘗試在現在把握每一刻。這個「網格」其實是由我們自己的信念、文化和心理狀態共同編織的，並不是一個固定不變的真實資訊。

我們可以將時間看成地球上的一種資訊流，那麼我們對時間的感知就像是我們如何接收和解讀這個資訊的過程。

每個人根據自己的內在時鐘、生活經驗和心靈狀態，對這個資訊進行個性化的解讀。這就是為什麼同樣一個時刻，對於不同的人來說，可以有截然不同的體驗和感受。

當我們意識到時間更多的是一種心靈上的構造，而不是一個外在強加的限制時，我們就能更自由地選擇如何互動。

我們可以學會更靈活地應對時間，更有意識地安排我們的生活，並且更深刻地體驗每一個瞬間。

這種理解讓我們能夠更加珍惜當下，了解到每一個經歷、每一段記憶，無論是在我們的個人雲端中的繽紛視窗還是灰暗視窗，都是我們獨特生命故事的一部分，而這些故事是在時間這個廣大虛擬世界中被我們自己創造和體驗的。你如何看待過去經歷？

你是否能夠從每個經歷中學到正向的禮物，即使它們似乎是負面的或是困難的？

_____

_____

_____

你是否認為自己有足夠的時間去實現我的目標和夢想？如果不是，你需要放下哪些限制性信念 (請閉上眼睛，思考問題，就會浮現恐懼，將它紀錄下來)

_____

_____

_____

當你感到準備好時，請先深呼吸，讓自己的心情平靜下來。慢慢地，對照上面的寫出的內容再次閱讀並感受內在。

接下來，輕聲或在心中說出：我選擇接受這些感受與信念，並放手！讓更高的神性來！

這是一個將自己交付於內在更高智慧的過程，接下來靜靜感受，接受和臣服帶來的變化。片刻的平靜後，再次問：還有剩下的感受或恐懼嗎？允許自己完全感受這些殘留的情

緒。如果需要，繼續使用上述的句子，將自己的感受和恐懼
臣服於你的更高智慧，讓它引導你處理這些情緒。

通過這個過程，你將能更深入地了解自己的內在狀態，
並逐步學會如何以更高的覺知和智慧來轉化和解決生活中的
困擾。

Chapter 18

在大腦的故事編輯器中，
我們的記憶和判斷受到情緒和偏見的雕塑，
提醒我們在確定「真相」時要懷疑自己的「正確性」，
並主動探尋更深層的真相。

我們真的不能認為自己是「正確的」

我們的大腦就像是擁有兩套運行程序的超級電腦。第一套程序，為「自動駕駛模式」。這套程序運行迅速、輕鬆，不需要我們太多的精力就能做出判斷和決策，就像我們日常走路或騎車時幾乎不需要刻意思考每一步怎麼走一樣。這就是我們日常生活中大部分時間所依賴的模式，它幫助我們快速處理信息，但有時也會因為過於依賴習慣和直覺，而導致我們忽略細節，甚至產生誤解。

另一套程序為「手動控制模式」。當我們遇到新問題或需要深思熟慮時，就會啟動這套模式。我們會減慢速度，仔細分析每一塊資訊，像是在做數學題或學習新技能時那樣需要集中注意力。雖然這套模式更能幫助我們做出精確的決策，但它也需要耗費更多的精力和注意力。

當我們在「自動駕駛模式」下閱讀或聽別人談話時，有時會不自覺地將信息快速且粗略地解讀，這可能導致我們誤解了對方的意思。就像你打字給朋友，他把「痔瘡」誤讀成「療癒」，這並不是因為糊塗，而是大腦在用它的「自動駕駛模式」做出快速判讀。只有當我們被提醒注意時，才會切換到「手動控制模式」，重新、仔細地解讀信息。

這兩種模式的存在，是人類大腦高效處理信息的一種方式，但它也提醒我們在需要準確理解和深入思考時，應該學會暫停「自動駕駛模式」，開啟我們的「手動控制模式」。

我們生活中也常常發生常見的例子，誤解朋友的訊息：你的朋友回覆一條訊息，只有一個「好」字。你的「快速反應模式」可能會立即解讀這個回復是冷淡或不耐煩的，因為過去在類似短訊交流中感受到類似的情緒。但你的朋友可能只是在忙，沒有足夠的時間詳細回覆或者他們認為一個簡單的回復就足夠表達同意。

當我們依賴「快速反應模式」做出判斷時，我們很容易基於有限的資訊和主觀的偏見做出錯誤的解釋。這種模式雖然在許多情況下為我們提供了處理日常事務所需的速度和效率，但它也使我們容易忽略情境的複雜性和多樣性，導致對他人行為的誤解和判斷失誤。

要改善這種情況，需要學會在做判斷和解釋時切換到「深思熟慮模式」，慢下來，收集更多的資訊，從多個角度考慮問題，並努力理解情境的全貌。這樣做雖然需要更多的時間和精力，但可以幫助我們做出更準確、更公正的判斷，並減少誤解和衝突。

我們的大腦就像是一個超級聰明的故事編輯器。每當我們回想過去時，大腦就會開始工作，有時候它會在我們的記憶裡加點料或者調整一下故事的細節，讓它更符合我們現在的想法和情緒。這就像是看一部電影，過了一段時間，當你再回想這部電影的情節時，可能會發現自己記得的和實際上看到的有些不一樣。

比如，你可能記得自己在某次聚會上說了一個笑話，讓大家都笑翻了天。但實際上，也許當時只是有幾個人笑了笑，你的大腦「加料」讓這個回憶變得更加精彩。

或者你記得跟朋友在一個陽光明媚的下午外出，但實際上那天可能是陰天。你的大腦調整了這個細節，可能是因為陽光明媚更符合你對完美日子的想象。

這樣的調整和「加料」，讓我們的記憶不總是那麼可靠。有時候，我們甚至會記住一些根本沒有發生過的事情，只是因為我們的大腦認為這些事情很有可能發生或者是我們想要它發生。

為什麼會這樣

我們的大腦做這些調整，一方面是因為它想要幫助我們更好地適應當下的環境和情緒，另一方面也是因為記憶保存

和提取的過程本來就不是完美無缺的。大腦有時會根據我們現在的理解和感受，重寫過去的故事。

當我們試圖回憶一個過去的事件時，我們的大腦會從這個「雲端信念庫」中提取資訊，幫助我們填補記憶中的空白。這代表我們的信念和過去的經歷會影響我們如何重構記憶。如果我們的雲端庫中存儲著「我總是不走運」的信念，那麼我們會更傾向於回憶那些不幸的事件，甚至在不完全的記憶中添加細節，讓這些回憶更符合我們的內在信念。

我們的「雲端信念庫」不僅影響我們如何填補記憶空白，還可能導致我們選擇性地記住某些事件而忽略其他。例如，如果我們堅信「努力就會成功」，我們更容易回憶起那些支持這一信念的成功經歷，而對那些反向的例子視而不見。

我們的情緒狀態也存放在這個「雲端信念庫」中，它們會影響我們對過去事件的記憶和解釋。

當我們在特定的情緒狀態下回顧過去時，相關的情緒可能會讓記憶顯得更加鮮明，或者改變我們對某些細節的記憶。

我們的記憶根本不可靠

我們的記憶是如此的容易塑造，以至於外部的引導或者一些視覺提示，比如一張照片，都有可能促使我們「創造」

出從未發生過的事件的記憶。

外部引導與虛構記憶

當他人向我們講述一件我們沒有經歷過的事件時，如果他們描述得生動且詳細，我們的大腦可能會開始構建出這個場景的「記憶」。尤其是當這些描述與我們自身的經驗和信念相契合時，我們更容易接受並整合這些資訊，形成一個看似真實的記憶。這種現象在法庭心理學中被廣泛研究，因為目擊證人的記憶可能會受到審訊過程中的問題引導而發生改變。

視覺提示與記憶創造

一張照片或一段影像也能強力地激發我們的想象力，促使我們構建出一段記憶。即便這段記憶與照片中呈現的場景完全無關，我們也可能深信不疑地認為自己曾經經歷過。這種由視覺提示引發的記憶創造，代表我們大腦有將訊息整合和填補空白的能力。

生活中的例子

有一天家人向你展示一張你小時候在海邊的照片，並詳細描述了那一天的活動——包括你如何建造沙堡，追逐海浪

等。即便你對這一天沒有任何記憶，聽了家人的描述和看了照片後，你可能會開始記起這一天的「經歷」，甚至記憶中還會添上風的味道和陽光的溫度。但實際上，這些細節完全是你的大腦根據當下的資訊所創造出來的。

這種現象提醒我們，在回顧過去時要保持一定的警覺和批判性思維。

我們的記憶並非石版印刷般的固定不變，而是一個動態變化、易受個人信念和情緒影響的過程。知道這一點，可以幫助我們更加謙遜地對待自己的記憶，並在重要的決策或判斷時，尋求更多的資訊和視角，以獲得更全面和客觀的理解。

理解這些可以提醒我們，在回憶過去、特別是在重要的決策和判斷中，要留心我們的記憶可能不是百分之百準確的。有時候，重新檢查事實或者從多個角度收集資訊，可以幫助我們獲得更全面和準確的理解。

當我們依賴「自動駕駛模式」進行思考和選擇時，實際上是在無意識中重播過去的經驗。

這不只是一種記憶的重演，而是一種能量的循環。

每次這樣的重播不只是對過去事件的回顧，更是將這些

過去的經驗無縫接軌至當前和未來的事件。

這代表我們所認為的「新事件」，實際上是以舊有能量的頻率重新包裝的老劇本。

這種模式的危險在於，它限制了我們的創造新走向的能力，讓我們陷入不停地循環相同的能量模式。

如果我們想要真正的創新和改變，就必須打破這種模式，這需要從根本上更新我們的看待事物的方式。

我們需要主動切換到「手動控制模式」，回到幫下根據當前的事實作出覺察，選擇更改自己使用的信念模式，更深層次的創新我們的能量使用和信念模式。

只有這樣，我們才能真正突破限制，並以全新的能量創造當前的事件的新走向。

我們的社會架構和文化常常也是建立在重復和重演的基礎之上，只有當我們意識到並願意去打破這些固化的信念模式時，我們才能夠迎來真正意義上的創新。

Chapter 19

在光與愛的原初維度中，
靈魂設計人生旅途，
不僅追尋個人覺醒，
也將每次地球的學習編織進宇宙進化的圖譜，
展現出與整個宇宙存在之間那份深遠而神聖的聯繫。

在進入地球之前，想像你的靈魂處於一個光明、和諧且充滿愛的維度。這裡遠離了物質世界的限制，靈魂能夠自由地體驗存在的純粹形態，沉浸在無條件的愛與深刻的智慧中。在這個狀態下，靈魂記起了自己是高我，並準備好下一次的人生旅程。

這是一個深刻的學習和計劃過程。靈魂會回顧過去的生命經歷，評估學到的課程，並確定新的學習目標。這些目標可能是為了體驗一種完全不同的人生，或者是為了彌補過去生命中未能體驗到的經歷。由於在這個狀態下，擁有更廣闊的視野和深邃的智慧，能夠幫助識別最有助於其成長和進化的路徑。

在確定新的學習目標後，靈魂會與所有靈魂夥伴，共同制定一份生命藍圖。這份藍圖不僅涵蓋了即將投生的家庭、關鍵的人物相遇和重大事件，而且也包含了預期會遇到的挑戰和學習機會。這一規劃是基於靈魂的學習需求和進化目標，旨在創造一個最適合靈魂成長的環境。

即使有了這樣的規劃，靈魂在人間的旅程仍充滿了不確定性。因為自由意志的存在，靈魂在達成其學習目標的過程中將面臨無數的選擇。每一個選擇都是靈魂成長過程中不可或缺的一部分，也是設計的生命藍圖中重要的元素。

最終準備好投身於新的人生旅程，帶著對成長的渴望和對新經驗的期待。

我們最後透過不斷的回到地球或者其他的維度探索、學習和進化，更接近於最終目標——與宇宙的源頭合一，最後達到靈魂的完全覺醒和進化後，將數據回歸給整個整體。

當靈魂達到其成長和進化的完整性時，它們將這一生的學習和經歷以數據的形式回歸給整體宇宙。這些寶貴的資訊豐富了宇宙的知識庫，幫助整個宇宙體系擁有更加豐富的資訊，並促進了所有存在於宇宙中生命的共同進化。這樣，每個靈魂不僅在自我進化的道路上取得了成長，同時也為整個宇宙的進步和提升做出了貢獻。

回顧過去，有哪些關鍵的人物或事件影響了你的人生方向？

_____

_____

_____

這些經歷如何幫助你成長或提供了重要的學習機會？

_____

_____

_____

當你面對生命中的挑戰時，通常是如何應對的？

_____

_____

_____

這些經歷如何幫助你超越恐懼，讓你更接近你的靈魂成長目標？

_____

_____

_____

Chapter 20

透過深入探索內在世界的旅程，
我們的空間和移動只是外在的幻象，
真正的旅程發生在不變的覺察中。

　　這一次我決定好好的深入自我探索，我決定全然地投入到自己的「意識」之中。這意味著我要刻意忽略所有腦海中湧入的資訊，就像是對每一條資訊都按下了 X 一樣，讓它們從我的意識中流過而不被我所留意。這是一次意識上的選擇，我有權選擇要接收和處理哪些資訊。

　　隨著這一過程的深入，我有了一個瞬間的領悟——其實我從未真正「移動」過。物理上的我，我的身體，一直都在原地。變化的其實是我的覺察，我的意識。它不斷地在這個地球的雲端中「下載」新的環境圖像，就好像不斷地刷新著我的內在螢幕，而我則是那個觀察這些變換景象的精神體。

　　讓我忍不住笑了出來，因為這種看法在某種程度上顛覆了我對空間的傳統理解。我們常說的「移動」，在很大程度上是一種幻覺。就像是我們被催眠了一樣，誤以為我們在空間中的物理移動才是真實的。但實際上，真正不變的是我們的內在精神體——那個觀察和感知世界的自我。無論是我認為自己在車上移動，還是站立不動，這些都只是我腦海中解釋外部世界的方式，而我的真我，我的精神體，其實一直都在原地，沒有移動。

　　這次體驗讓我深深地感受到，空間和我們在其中的所謂「移動」，不過是我們為了更好地生存而創建的一種系統。

　　在這個系統中，我們用物理移動來解釋和經歷世界，但在更深層的意識層面，我們其實一直都在原地，是不變的觀察者。

　　就像正在玩一款 3D 遊戲。在這個遊戲中，你控制著一個角色，這個角色可以在遊戲的世界裡四處走動。但其實，你自己並沒有移動——你只是坐在電腦前，通過鍵盤和滑鼠告訴你的角色怎麼走。在這個過程中，「移動」發生在遊戲的虛擬世界裡，而你自己其實一直都在原地。

　　即使你的身體在物理世界中移動（比如，坐在車上），你的「覺察」其實沒有移動。你的身體像是遊戲裡的角色，而你的「高我」就像是坐在電腦前的玩家。在玩家的角色裡，你看到和感受到的一切，如路上的車輛、周圍的建築，都是電腦螢幕上的圖像，由你的大腦解釋和理解。

　　當我們談到「空間」時，它其實也是一種我們用來理解和導航我們周圍世界的工具，就像時間一樣。我們認為我們在空間中「移動」，但在更深層次的意義上，我們，或者說我們的「覺察」，其實一直都在原地。我們的身體和感官在物理世界中移動，但我們的「高我」，那個深刻理解和感受世界的部分，其實並沒有移動，其實一直都在原地，觀察著這一切發生。這讓我們意識到，我們對空間的感知，就像時

間一樣，是非常主觀的，是我們的大腦和感官共同創造的體驗。

當我們談到「移動」時，通常是想到的是從一個地點到另一個地點的物理過程。然而透過深入的覺察，我們開始理解到「移動」在更深層次上的含義。這不僅僅是關於身體在空間中的轉換，而是關於我們的內心世界、思想、情緒，以及對於周遭環境認知的轉變。

這種深層次的「移動」，超越了物理界限的束縛，是一種瞬間的內在轉換，它能將我們帶到過去的回憶、未來的期待，甚至是徹底不同的情感狀態。但這一切，都在內在維度中發生。它是一場心靈的旅行，一次通過深度覺察達到的自我超越，讓我們能在內心的無限空間中自由遊走。

然而，我意識到在這個探索過程中還有些許缺失。這種缺失源於對於「如何將這種內在旅行轉化為外在行動和改變」的深層次理解。每一次內在的「移動」，雖然豐富了我們的精神世界，但它也挑戰我們如何將這些內在變化呈現到現實生活中去的能力。如何將內在的啟發和變化轉化為對個人生活、與人的關係，甚至於對整個世界的積極貢獻，成為了這一過程中不可或缺的一環。

在深層次的覺察中，「移動」不再僅僅是身體從一處到另一處的轉換，而是心靈和意識的轉變，這種轉變深刻影響著我們與自我、與他人以及與整個宇宙的關係。真正的挑戰在於，如何將這些內在的轉變和啟發，轉化為可以觸及的、實際的改變，無論是改變我們的行為方式、加深我們對生活的理解，還是提升我們對這個世界的貢獻。

深層次的覺察和內在「移動」的旅程，不僅是關於個人內在世界的探索，它也是關於如何將這種探索轉化為深刻影響我們外在世界的力量。這樣，我們的每一次「移動」，無論內在還是外在，都成為了一次真正意義上的轉變和成長。

你在日常生活中多大程度上能夠主動選擇你所關注和處理的訊息？

_____

_____

_____

你是否意識到在日常生活中有哪些訊息是你無意識中處理的？

_____

_____

_____

這種無意識的處理如何影響你的選擇和行為模式？

_____

_____

_____

Chapter 21

擺開小我，為人生完全負責，
是我們從生命的低谷走向成長高峰的轉捩點，
讓每個挑戰成為自我覺醒的光輝里程碑。

小我與責任的迴避

小我不擅長承擔責任，在面對生活中的挑戰和困難時，經常尋找逃避責任的方式，將自己包裝成受害者。受害者心態讓我們忘記自己曾經的選擇和想法，陷入一種無意識的生活模式中，不斷地重複過去的選擇，未能從經驗中學習與成長。這種模式導致困於自己製造的苦難中，更阻礙了我們與高我相連的可能性。我們的內在信念和思想模式扮演著關鍵角色，內在信念和思想模式構成了我們看待世界和自己的鏡子。當這面鏡子被小我所主導，我們所見的現實便是一個扭曲、充滿限制和恐懼的世界。這樣的世界觀導致我們在面對挑戰時選擇逃避，而不是勇敢地承擔責任和從中學習、成長。活在小我的主導下，重複著相同的模式和錯誤，這些內在信念構成了一個框架，影響了我們如何解讀周遭世界和自身經歷的每一個細節。每當我們將責任推卸給外在情況或他人時，我們實際上是在放棄控制自己生活的權力，這種逃避責任的行為，是一種無意識的選擇，使我們失去了成為自己主人的能力，變成了環境和情境的受害者。學習為自己的生命經歷完全負責，是走出小我限制，實現自我成長的重要步驟。

當我們開始為自己的想法、決定和行為承擔全責時，我們不僅在重新掌控自己的生活，也在逐步建立起對自己的信任。

這種責任感使我們更加積極地面對生活中的挑戰，視為成長和學習的機會，而非逃避或恐懼的對象。

當我們停止將自己視為無助的受害者，開始認識到自己對生活質量的影響時，我們才能真正掌握命運。這需要一種堅定的決心和不畏懼內心深處的探索，願意正視並放下那些讓我們停滯不前的負面信念。

你是否認識到自己在何時何地使用受害者心態來逃避責任？

這種模式在你生活中出現的具體例子是什麼時候？

當你感到準備好時，請先深呼吸，讓自己的心情平靜下來。慢慢地，對照寫出的內容再次閱讀並感受內在。

接下來，輕聲或在心中說出：我選擇接受這些感受與信念，並放手！讓更高的神性來！

這是一個將自己交付於內在更高智慧的過程，接下來靜靜感受，接受和臣服帶來的變化。片刻的平靜後，再次問：還有剩下的感受或恐懼嗎？允許自己完全感受這些殘留的情緒。如果需要，繼續使用上述的句子，將自己的感受和恐懼臣服於你的更高智慧，讓它引導你處理這些情緒。

通過這個過程，你將能更深入地了解自己的內在狀態，並逐步學會如何以更高的覺知和智慧來轉化和解決生活中的困擾。

Chapter 22

當我們學會將心中的「想要」轉化成感恩與擁有的豐盛態度，
我們便開始向宇宙發出邀請，
引領更多的愛、財富與真實成就踏入我們的生活。

在我們的日常生活中，「想要」似乎是一個永恆的主題。無論是物質上的，比如房子、汽車，或者是情感上的，比如愛情、尊重、快樂。但有一個深層次的宇宙法則，我們經常忽略：當我們處在一個「想要」的狀態時，我們實際上是在跟宇宙宣告我們現在沒有它。

舉個例子，當你說「我想要快樂」時，你其實是在告訴自己和宇宙，你現在不快樂。這樣的信息發出去後，宇宙回應你的是更多「不快樂」的情況，因為它對你的需求作出了回應。這聽起來可能有點反直覺，但當我們深入了解宇宙的工作方式後，就會發現這其實非常合理。

在物理學中，有個概念叫做「量子糾纏」，它說明了即使分隔很遠的兩個粒子也能瞬間影響對方的狀態。我們的思想也是一種能量，當我們的思想發出特定的「頻率」時，宇宙會以相同的頻率回應我們。當我們專注於缺乏而不是擁有時，我們就會吸引更多缺乏到我們的生活中。

很多人都希望擁有更多的財富，但他們的出發點是「我沒有足夠的錢」。這樣的心態只會吸引更多缺錢的情況。如果一個人感到滿足，並且相信自己已經擁有足夠的財富，那麼他們更有可能吸引更多財富進入他們的生活。這是因為他們的思維頻率是基於豐盛而不是缺乏。

這是關於信念體系和你對宇宙如何運作的深層理解。當你真正相信你已經擁有你所需要的一切時，你就會開始從宇宙中吸引你所需要的。這是一個過程，需要時間去理解和實踐，但一旦你開始這樣做，你就會看到你的生活以你從未想象過的方式改變。

讓我們用一個簡單的實踐開始：每天早上起來，不要想「我希望今天會是個好日子」，而是要相信「今天是個好日子」。這樣的小改變將會在你的生活中創造大變化。你將開始注意到更多正面的事情發生，不僅僅是因為你在尋找它們，而是因為你已經調整了你的頻率來吸引它們。

我想提醒大家，改變思維模式並不總是容易的，它需要意識到自己的思維方式，並且願意做出改變。但一旦你開始這樣做，你會發現，你不僅改變了你的生活，也改變了你與世界的互動方式。

宇宙總是在聽，祂回應的不是你的話語，而是你的信念和頻率。

你想要宇宙回應你什麼？
是缺乏和恐懼，還是豐盛和愛？
答案在於你的每一個思想和信念裡。

　　我們每個人都有能力成為自己生活的創造者。當我們學會用正確的方式與宇宙溝通時，沒有什麼是不可能的。讓我們開始這個旅程，用我們的思想和信念來創造一個我們夢想中的生活。

　　你的大腦就像是一台超級電腦，而你的思想和信念則是儲存在這台電腦上的數據。這些數據決定了你如何看待世界、如何與人互動，以及你吸引什麼樣的經歷到你的生活中。每一個念頭都像是向宇宙發送的一個請求，這些請求會決定你的現實。

　　當你把焦點放在缺乏上時（如「我沒有足夠的錢」），這台電腦就會向宇宙發出這樣的訊息，並吸引更多證明你缺乏的經驗。相反，當你專注於感激和豐盛（比如「我感謝我擁有的一切」），你的思想就會創造出一個更加豐富的現實。

　　假如有兩個人，一個總是擔心錢不夠用，另一個則感激自己已經擁有的。即使他們的銀行帳戶數字相同，滿足和感激的人更有可能發現新的機會和方法來增加他們的財富，因為他們對財富的態度吸引了更多的豐盛。

如何將「想要」轉變為「擁有」

意識轉變：首先，意識到你每天的思想如何影響你的現實。開始監控你的思想模式，尤其是那些關於缺乏和渴望的。

第一步練習感激：每天花時間感激你已經擁有的一切，無論是家人、朋友、健康還是你的經歷。這會逐漸改變你的思維頻率，吸引更多正面的經驗。

第二步視覺化擁有：花時間每天想像你已經擁有你渴望的事物。這不是空想，而是一種強大的宇宙法則實踐，可以幫助你吸引你所想要的。

第三步採取行動：當你開始從擁有的心態行動時，你會發現自己被引向做出改變的機會和選擇，這些改變將使你更接近於你想要的生活。

改變從「想要」到「擁有」的心態不是一夜之間可以完成的，它需要時間、意識到自己的思想模式，以及願意去做出改變。但是，一旦你開始這個轉變，你就會發現自己不僅改變了對財富、幸福和成功的看法，而且也吸引了更多正面的經驗進入你的生活。

宇宙總是在聽，祂回應的是你的信念和頻率，所以讓你的信念和頻率反映你真正想要的生活。

"想要"實際上是一種匱乏的宣言。每當你說"我想要"，不管是金錢、愛情、健康或任何形式的成功，你都在向宇宙發出一個信號：你現在沒有它。這是一個強烈的缺乏感，將你鎖定在了一個永遠達不到的狀態。在這個宇宙中，你得到的不是你表面上所說的那些話，而是你內心深處真正信仰的東西。當你的內在充斥著"我不夠好，我沒有足夠的 …"，宇宙對此的回應是確認你的這些信念，你遭遇的現實將不斷的出現這種狀態。

想要真正改變這一切，你需要根本上重塑你的信念模式。轉變從"我想要"到"我擁有"，從一種缺乏的心態變為一種豐盛的確認。當相信你已經擁有所需的一切時，你的內在狀態將開始吸引更多跟這豐盛相匹配的頻率，就會吸引更多相同經歷進入生命。這是一次深刻的宇宙對話，是你用內在的信念塑造外在世界的過程。改變你的信念，從根本上改變你的現實。

從今天開始，不是再去想要什麼，而是要慶祝和感謝你已經擁有的一切。你會改變了與宇宙的對話方式，也轉變了你整個生活的軌跡。當你的內心確信豐盛已經是你的現實，你就已經在創造一個全新的、無限可能的世界。

這是一個深刻的轉變，一個真正的新生命旅程。你準備好了嗎？

Chapter 23

當我們認識到每一次遭遇都是自己能量的映射，
我們開始不僅塑造自己的生活實相，
也共同編織宇宙的無限交響。

在這個宇宙之中，沒有任何一個能量場是孤立存在的。它們之間通過某種看不見的纖維緊密相連，能夠感應彼此的存在，進行交互和相互影響。當其他人走入我們的生活，他們帶來的能量場與我們自己的能量場相遇並產生作用，這種深層的互動不僅影響我們的情緒和心態，也在很大程度上決定了我們所經歷的現實。

即使是一個本質上屬於高頻率（正能量、積極）的人，當他們進入一個低頻率（負能量、消極）的環境或與之進行交互時，這種環境有可能將他們的能量展現為低頻的特質。這就是能量場之間的交互性，一種動態的相互作用模式。

每一個進入你生命的人，實際上都是你自己的不同面向的延伸。我們生命中遇到的每一個人，並非僅僅是路途中偶遇的陌生人，而是與我們有著深刻連結的存在。因為每一段關係、每一次相遇，實際上都是我們與自己的某一部分進行的深層溝通，與能量場交互和相互影響而成為我們生命故事的一部分。

我們的生命中實際上並不存在所謂的「他人」或「外人」。整個世界，每一個人，都是我們自己的一部分。

每個走進我們生命的人，都是在受我們的能量場影響之

下，展現出某一面向給我們觀察和體驗。

當你遇到的是痛苦或是幸福，這實際上是你所選擇的能量場，並吸引了相應頻率的人進入你的生命，展現出你內在低頻或高頻的「樣子」。

無論你討厭什麼，你所抵觸的其實是自己內在的一部分。這種抵觸的能量會被傳播出去，吸引那些能體現出你所不喜歡特質的人物，如同一面鏡子，表現出你自己的內在狀態。

我們每個人的現實不是被動接受的結果，而是由我們內在能量場的質和頻率所塑造和決定的。這種能量場不是靜止不變的，它隨著我們的意識、選擇和成長而變化。

學習調整和覺察自己的能量頻率，開始對自己的選擇負全責，是一項深層的內在工作與能量調整。我們不僅為自己的體驗繪製藍圖，也同時參與到整個宇宙能量場的演化之中。

在我目前的生活中，我是否意識到哪些人或環境對我的能量場有著顯著的正或負面影響？我如何對這些影響做出回應？

_____

_____

_____

當你感到準備好時，請先深呼吸，讓自己的心情平靜下來。慢慢地，對照上面的寫出的內容再次閱讀並感受內在。

接下來，輕聲或在心中說出：我選擇接受這些感受與信念，並放手！讓更高的神性來！

這是一個將自己交付於內在更高智慧的過程，接下來靜靜感受，接受和臣服帶來的變化。片刻的平靜後，再次問：還有剩下的感受或恐懼嗎？允許自己完全感受這些殘留的情緒。如果需要，繼續使用上述的句子，將自己的感受和恐懼臣服於你的更高智慧，讓它引導你處理這些情緒。

通過這個過程，你將能更深入地了解自己的內在狀態，並逐步學會如何以更高的覺知和智慧來轉化和解決生活中的困擾。

Chapter 24

當我們擁抱心靈的陽光和月光的流動性，
我們解鎖了靈魂無限的表達與成長之路，
讓性別成為我們學習與進化的自由舞台。

　　每個人內在有兩種能量，這兩股能量，我們可以稱之為
"內在的陽光"和"內在的月光"，它們共同構成了我們情
感的豐富性、思維的靈活性，以及行為的多樣性。這些能量
在每個人體內是流動的，它們的平衡和表現方式獨特且個性
化，反映了我們每個人獨特的生命經歷和成長軌跡。

　　"內在的陽光"代表著那股推動我們不斷前進、探索未
知並實踐夢想的動力。

　　這涵蓋了勇氣、決心、以及那份推動我們將想法轉化為
行動的力量。就像陽光照耀大地，讓萬物生長與繁榮，我們
內在的這股能量激勵我們，勇敢地追求自己的目標和熱情。

　　當一個人在職場上積極爭取晉升的機會，或是勇敢地開
創自己的事業時，這是"內在的陽光"發光發熱的例子。這
種能量驅使他不畏挑戰，持續前進，就像陽光促使植物向上
成長一樣。

　　設定並達成個人目標，例如完成一場馬拉松或是學會一
門新技能，都是"內在的陽光"在作用。勇氣、決心和行動
力引領著我們突破自我限制，實現個人成就。

　　內在的月光則代表著我們與內心深處和周遭世界建立連
接的能力，包括情感的深度、同理心和直覺。就像月光般柔

和，照亮我們內心的角落，幫助我們理解和感受周圍的世界。

當朋友或家人遇到困難時，我們提供的安慰和理解就是"內在的月光"的體現。我們的同理心和情感深度使我們能夠站在對方的立場上，提供支持和愛。

這兩股能量在每個人體內是流動且不固定的，它們的平衡和表達方式隨著時間、經歷和個人成長而變化。

這意味著沒有任何人是完全由一種能量所定義的。我們的生活故事、選擇和關係反映了這兩股能量如何在我們內在交織、互補並共同成長。

關於性別

每個人內在的兩股能量——推動行動的能量與促進情感連接的能量，我們了解到這些能量是完全流動和自由的。這也代表沒有人的性格或行為模式是永遠固定的。人們的性別表達和身份感，隨著時間、經歷和自我探索的進程而變化，是一個動態的過程。每個人都由兩種基本能量組成，但大多數社會通過「定義」和「標籤」對這些能量進行了特定的分類。這些標籤往往反映了一套嚴格的性別角色，例如，將陽剛性視為男性的象徵，而將溫柔和慈悲視為女性應有的特質。這種分類在許多文化中形成了普遍的大多數集體的信念，將

人們嚴格歸類於固定的性別角色和性傾向，這是屬於人類世界的限制性框架。

　　這種二元分法的根源並非出於對靈魂來到地球的複雜性的真實理解，而是基於古老時期的生存需求和繁衍後代的考量。在醫療技術尚未發達、野外生存充滿挑戰的古老時代，強調性別角色的分工有助於保障物種的延續和社會的穩定。這些角色和信念逐漸演化成了主流的社會信念，深深植根於我們的文化和自我認知中。試圖將人們嚴格劃分為某一類性別，或期待他們總是按照一定方式行事，並不符合人類內在能量的自然流動性。

　　但在當今時代，隨著科技進步和社會結構的轉變，古老的生存需求已不再是制約我們行為和自我認知的主要因素。我們進入新時代，需要重新審視和解構這些傳統性別角色的機會，並且發掘和理解內在能量多樣性的可能性。

　　這種能量的流動性下，個體可以在生命的不同階段，根據自身的經歷和當下的情境，展現出不同的特質和行為。而不該被傳統性別角色的界定，性別身份和表達是多維性和變化性。不應該被簡化為單一的性別標籤所限制。

　　這兩股能量的存在和作用，在個體之間的流動和表達方式是獨一無二的，性別表達和認同的個人性和獨特性，每個

人都有自己獨特的方式來體驗和表達這些能量。這些能量顯示了性別和性傾向的流動性是正常的，而且是自然的現象。每個人根據自己內在能量的獨特流動方式，擁有展現出各種不同性別特質和性傾向的潛力，這些特質和傾向可能隨著時間和經歷發生變化。

我們不應該將任何人框定在僅符合社會對陽剛或溫柔樣貌的期待之中。這樣的框架限制了個體探索自己全部潛能的自由，並可能導致忽視或壓抑內在的另一種能量，從而阻礙了個體的完整性發展和自我實現。

性別和性傾向的流動性，接受每個人都是在不斷變化和成長的，每個人的性別表達和性傾向是這人生旅程的一部分，不是預先設定的終點。我們靈魂本質的多樣性和變化性。每個靈魂在宇宙旅程中追求的學習和經歷，使得在不同的生命階段或不同的物質身中，我們可能會選擇不同的性別角色來體驗和學習。

換句話說，靈魂選擇扮演的性別角色，無論是男性、女性，或是超越這些二元性別的身份，都是為了獲得特定的經驗和成長。這種選擇是靈魂對於特定生命課題的需求，而不是基於生理或社會框架。

你是否曾因為自己的性別而感到必須以某種特定的方式行事？例如，作為男性，你是否覺得自己必須表現得非常堅強。作為女性，你必須要表現的溫柔。

_____

_____

_____

當你感到準備好時，請先深呼吸，讓自己的心情平靜下來。慢慢地，對照上面的寫出的內容再次閱讀並感受內在。

接下來，輕聲或在心中說出：我選擇接受這些感受與信念，並放手！讓更高的神性來！

這是一個將自己交付於內在更高智慧的過程，接下來靜靜感受，接受和臣服帶來的變化。片刻的平靜後，再次問：還有剩下的感受或恐懼嗎？允許自己完全感受這些殘留的情緒。如果需要，繼續使用上述的句子，將自己的感受和恐懼臣服於你的更高智慧，讓它引導你處理這些情緒。

通過這個過程，你將能更深入地了解自己的內在狀態，並逐步學會如何以更高的覺知和智慧來轉化和解決生活中的困擾。

Chapter 25

當我們從愛與一體的視角理解宗教和信仰時，
將發現所有神留下的訊息都在引導我們超越認知，
找到彼此的一體性，
將這個世界塑造成一個和諧共處的新時代。

信仰的本質

首先，我們要認識到，信仰不僅僅是對外在的存在崇拜。真正的信仰是一種對於內在神性的認知和肯定。當某人覺醒時，他們會意識到真正的力量來自於自己的內在，而不是外部的象徵或形式。

信仰遠超過對於任何超越人類理解的外在力量的崇拜。當一個人達到覺醒的狀態時，開始覺察到，真實的力量、指導來自於他們自身的內在。這種力量不依附於任何外部實體或象徵，而是植根於我們每個人內心的深處。

我們不需要外在的批准或指引來定義我們自己的價值和目的。每個人都擁有著無限的潛能和創造力，這些力量源自於我們內在的神性。這種內在的神性促使我們向善行動，推動我們去愛、去創造、去探索，以及去實現我們生命中的高尚目標。

神是集體意識下的信念系統，神不單是傳統意義上的超自然存在，而是一個由人類集體意識形成、維繫的信念和價值觀體系。這套系統代表了人類對宇宙、生命及其本質的深層次看法和理解。當集體或個人信仰神擁有無限的力量，這份信仰會促成一種強大的能量場。這個能量場，是由我們對神的深信不疑和我們所投射的集體意願所構築。當我們覺得

某些願望或奇蹟是「神的保佑」時，其實那是我們集體或個人信念力量的直接表現，神的存在與我們所說的奇蹟，是我們內在信念和意願的外化。這不是說神的概念無效或不重要，這個概念非常關鍵，因為它幫助我們理解並實踐我們的信仰，激發我們內在的潛能。神的形象，實際上是我們集體心靈對於那些深奧且難以言說的宇宙真理的一種具象化表達，它提供了一個框架，讓我們能夠探索、理解並與這些真理建立連結。

這些流傳下來的聖人，如佛陀和耶穌，他們的教導，是為了告訴每個人都擁有達到與他們相同覺醒狀態的能力，我們與這些聖人並無本質上的差異，我們都是宇宙整體存在的一部分，擁有相同的內在潛力與神性。

他們留給我們的教導和經歷，不是為了建立一個讓後人崇拜的偶像，這些聖人的生命故事和精神遺產，傳遞著一個訊息，通過內在的探索和實踐，我們每個人都能達到一種更高的覺醒狀態，實現自身的潛力。

信仰與宗教的差別

宗教有豐富的歷史、文化傳承和組織結構，在人類社會中扮演著重要角色。為信徒提供了一套共同信仰的框架，包括教義、儀式和道德準則，這些都是社群認同和凝聚力的重

要來源。但這種組織化的特點同時也引入了一定的限制性，尤其是對靈性探索的自由度方面。

宗教教義通常具有一定的固定性和權威性，它們定義了信仰的內容和邊界。這種確定性對於許多尋求精神寄託和信仰指引的人來說是吸引力之一。這限制信徒對於更廣泛宇宙真理的探索和對於教義的解釋，當內在體驗與既定教義產生差異時，大多數會感到內心的衝突或被迫選擇在真理與宗教規範之間妥協。

宗教儀式和實踐，作為體現信仰的具體方式，往往強調形式和傳統的重要性。這些儀式和實踐有助於維繫社群傳統和促進集體參與感，但也可能成為人類在地球中的框架限制。

宗教的社群規範和道德準則，雖然在維護社會秩序和促進道德行為方面起著關鍵作用，但也可能限制了自由和多樣性。

雖然宗教在提供精神寄託和社群連結方面發揮著不可替代的作用，但它的組織化特點也帶來了一定的限制性。

這些限制可能影響了，我們直接對於宇宙真理的探索和阻礙了我們達到覺醒的體驗。

我對宗教是否有限制性信念與恐懼？

_____

_____

_____

這些信念是如何形成的，是否對我的日常生活和對更廣闊宇宙的理解造成了限制？

_____

_____

_____

當你感到準備好時，請先深呼吸，讓自己的心情平靜下來。慢慢地，對照上面的寫出的內容再次閱讀並感受內在。

接下來，輕聲或在心中說出：我選擇接受這些感受與信念，並放手！讓更高的神性來！

這是一個將自己交付於內在更高智慧的過程，接下來靜靜感受，接受和臣服帶來的變化。片刻的平靜後，再次問：還有剩下的感受或恐懼嗎？允許自己完全感受這些殘留的情緒。如果需要，繼續使用上述的句子，將自己的感受和恐懼臣服於你的更高智慧，讓它引導你處理這些情緒。

　　通過這個過程，你將能更深入地了解自己的內在狀態，並逐步學會如何以更高的覺知和智慧來轉化和解決生活中的困擾。

Chapter 26

當我們定義自己是與外部世界獨立的個體時，
我們不僅限制了自己的視野，
也阻礙了對全球挑戰的深刻理解；
我們需要接受自己與整個世界的不可分割的聯繫。

在現代社會中，一種深植人心的觀念普遍存在：人們認為自己是與外部世界獨立的個體。這種信念不僅在特定情境下展現其功能性，也對個人的心靈健康、社會關係、文化認同乃至全球環境健康產生了深遠的影響。

個人心靈的影響

在個人層面，獨立個體的認知方式往往導致人們過度關注自己的需求和利益，而忽略或低估自己行為對他人及環境的潛在影響。舉例來說，追求個人成功和物質收益可能會導致資源的過度消耗，並對周遭人群造成心理和情感上的傷害。這種自我中心的思維模式不僅被現代社會所廣泛接受，甚至還被鼓勵，從而加深了人與人之間的隔閡。

社會和文化層面的影響

當這種認知深植於社會和文化結構中時，它對於社會關係和文化認同的影響更為廣泛。在國家和文化層面，「我與他者」的分離觀念促進了集體主義行為的發展，使得團體的利益常常被放在首位，而忽視了彼此之間的相互理解和協作。這種分離的思維模式導致了國家、文化甚至不同社群之間的對立和衝突，每個群體都在努力維護自己的獨立性和優越性，而忽略了我們共存於一個互聯的世界中的事實。

環境方面的後果

獨立個體的觀念對環境產生了嚴重的負面影響。基於錯誤的前提——自然資源是無限的,可以無限制開發和消耗——人類的活動導致了資源的過度開採、環境污染,以及生物多樣性的喪失。這不僅加劇了人類與自然環境的疏離感,也威脅到了地球上所有生命的未來。

深層次原因的探討

深入探索這些問題的根本原因,我們發現它們均源於一種普遍的信念——人們視自己為與世界分隔開來的獨立個體。這種認知模式不僅影響了個人的行為和思維方式,也深刻影響了社會結構和文化價值觀。從教育系統到媒體傳播,這種模式被不斷強化,導致了深層的孤立感和世界觀的分裂。

表象與深層次原因的連結

面對社會重大事件時,如暴力事件,社會和媒體常將焦點放在犯罪者的個人背景上,比如心理狀態或成長經歷。這種方法能提供一定解釋,但只觸及問題表層,未能深入根本原因。

這種「獨立個體」的信念簡化了世界的複雜性,讓人們在日常生活中進行快速決策和行動,但也帶來了對世界深層

次理解的障礙，尤其在處理全球性挑戰時。理解這些深層次
理解的連結對於解決問題至關重要，才能讓所有人類重新思
考如何處理我們共同居住的這個世界任何的問題，這不僅是
一次個人層面的內省，也是一次需要全人類共同參與的社會
和文化層面的思考。

Chapter 27

當我們從愛與一體的視角理解宗教和信仰時，
所有神留下的訊息都在引導我們超越認知，
告知我們彼此是同一本質；我們是來自同一處。

　　首先，信仰最純粹的形式中，是基於愛，對生命的愛、對所有一切無條件的愛，以及對整個宇宙的愛。

　　而所有的宗教，這些神祇在不同文化和宗教中以不同的形式出現，通常代表著愛、慈悲、智慧和創造力的普遍原則。人類的認知局限性傾向於通過二元對立的視角來理解世界，將事物分類、劃分界限，大多數會扭曲這些訊息，轉化為分裂和衝突的根源。

　　我們活在「自以為是的理解」，每個人都堅持認為自己對於神的理解是唯一正確的，並用這種理解來劃分「我們」與「他們」，這種行為本身就違背了許多神祇核心表達的愛和統一性。

　　但卻沒有人質疑過，所謂的「神」到底為什麼需要表達分裂我們的言論？

　　許多宗教的核心訊息是關於連結和統一性的，人們通過自己的腦袋，自以為懂了神所表達的，用來互相傷害彼此的生命，不論是透過佛教中的緣起性空、基督教的普遍愛，許多神祇都在教導我們：整個宇宙是相互連接的，而我們作為宇宙的一部分，應當追求與所有存在的和諧共處，而非分裂和對立。

　　就像每一朵花、每片葉子都是花園的一部分一樣，每個人、每種信仰都是宇宙大家庭的一員。雖然我們可能以不同的方式來認識這個世界，但我們所有人在本質上都是相連的。當我們從愛與一體的角度去理解宗教和信仰時，你就會發現，這些神祇根本都在傳達一樣的事情，是人們在分裂這些留下的訊息，因為我們認為自己獨立於這個世界，是個獨立個體，所以我們認為神也應該是獨立的，祂們不該是一起的。

　　每位神在這世界上的存在和留下的啟示，都是為了服務於人類的整體利益，而不是為了造成分裂，我們便能夠以一種全新的視角來理解這些古老的訊息。這些神靈所留下的啟示，是祂們對我們的愛和希望的體現，期望我們能夠超越表象的差異，找到彼此之間深層的聯繫和相通之處。

　　當我們接納這個觀念，認識到自己不僅僅是這些神靈傳達訊息的接受者，而且自己也是這一大系統的一部分，這樣的認知將啟發我們內在的潛能，我們不再是孤立的個體，而是萬物一體中的一員。

　　這些神的訊息是為了呼籲我們拋棄狹隘的「自我」中心觀，擴展我們的心靈視野，去感受和理解他人的生活經驗，以愛和同理心對待所有生命，這些訊息並非為了我們爭端的火種存在，而是為了引導我們找到「這世界是我們一起塑造的證據」，而留存的。

所有神祇的訊息核心都源於同一種普遍的力量—愛。

人類的自大和自我中心思想常將這些訊息扭曲，誤以為神在鼓勵我們用尖銳的教條來撕裂彼此，以證明自己的信仰是唯一的真理和最珍貴的。

這是對神祇真正意圖的極大誤解。

神愛所有一切，祂們留下的啟示是為了引導我們超越表面的分歧，發現所有信仰和存在的共通點，這樣我們才能真正理解和體現這份普世的愛。

當我們學會從去個體化的視角來解讀神祇的訊息時，我們不再追求證明彼此之間的不同，而是尋找如何以和諧、同理心共存的方法。

我們需要拋棄那種自我中心的思考，承認自己的限制性，才能開放心靈去接受所有一切。

只有在放下我們對「正確」與「錯誤」的執著後，我們才能真正體會到神想要我們學會的唯一真理：依照無條件的愛來擁抱每一個生命，每一種存在，彼此之間不是敵人，而是在這宇宙中共同旅行的夥伴。

Chapter 28

在宇宙的遊戲中，
沒有任何東西可以傷害我們，
除非我們自己相信了那份恐懼。
當我們破解這個信念的程式碼，
我們將自己從恐懼中解放，迎向真正的自由。

　　在我的生活中，有個家族信念系統，是我們家的女性都擁有所謂的陰陽眼。而這個信念如影隨形，伴隨著無數關於與靈異相遇的故事成長。我的阿姨，曾經在家裡，看到所謂的男鬼來毆打她，她被嚇到躲到廟中好幾天，就沒事了，或者是被鬼追，每天夢中都有鬼來跟她索命，甚至目睹娃娃自行移動，而我的媽媽，則因為這樣，曾經被鬼勒脖子，差點開車撞向護欄，這些故事構成了我童年的恐怖童話。

　　隨著時間的流逝，我自己也開始目睹這些無形之物，有時這些所謂的鬼甚至對我發起攻擊，讓我全身都是瘀青，朋友家人都見證了這一點，也曾經多次在這些攻擊中差點喪命，在我去海邊玩的時候，被所謂的鬼拖入海中、河中，大人們拼了命地把我救起來，我的雙腳出現了滿滿似指印的瘀青，一次次在身體上留下了無法解釋的傷痕。這些經歷，加上家族中對鬼的認知，使我長期生活在一個由恐懼和信念構建的世界裡，我非常「怕鬼」。

　　隨著我覺醒前，開始質疑、思考，我對這一切有了新的理解。如果鬼真的是靈魂的存在，那為什麼每個人看到的都不一樣？為什麼這些所謂的鬼要以不同的形式出現？為什麼鬼需要害人？這些問題讓我深入探索，最終開始意識到所謂的鬼，不過是人類對死亡未知的恐懼所塑造的幻影。

　　這個恐懼，源於人類對未知的本能恐慌。我們不了解死亡之後的世界，所以創造了這些幻象來填補我們的恐懼，活在自己的幻想中，我們認為人死後應該是那樣這樣的模樣，但實際上真的有人可以證明這些資訊的存在嗎？還是大家都在相信這世界的催眠？相信別人所留下的資訊而已？

　　我發現這只是人類無意識中的一種遊戲，我們在宇宙中下單購買這款遊戲光碟，選擇進入這個遊戲，用信念塑造遊戲的內容，然後通過恐懼讓自己陷入循環，再重複告訴自己，這是真實的。

　　當我意識到這一點，我笑了。這些所謂的靈異經歷，不過是由多數人的信念和恐懼構築的世界，是我們選擇參與的遊戲。這個世界從未有人是真正是受害者，這個宇宙，這一切，都是虛構的。我們透過這個世界，選擇了我們想要玩的遊戲，並沉浸其中。

　　自從我有了這個覺醒之後，我再也沒有見過所謂的鬼。即使我故意尋找，前往那些據說充斥著靈異現象的鬼屋，再也什麼也沒有發現。我破解了這個遊戲的程式碼，理解了背後的真相，當你相信什麼，你就會體驗到什麼。我們從來都不是無辜的受害者，只是在這個宇宙這場遊戲中，選擇了自己的角色和經歷。

　　我的上師曾經告訴我，「在這個宇宙中，沒有東西可以傷害你，除非你先相信了自己會被害的信念。」這句話現在對我來說，意味深長。我們的恐懼和限制，大多數時候都是自己創造的。我們有能力改變這些信念，從而改變我們的世界觀，解放自己，從恐懼中走出，擁抱一個更寬廣的宇宙觀。

　　這段旅程教會了我，靈性和自我實現的路徑，不在於尋找外在的證據，而在於內心的轉化和覺醒。我們創造的每一個故事，都有能力影響我們的現實，而唯有透過內在的清晰和釋放，我們才能真正自由。

Chapter 29

真正的救贖並非來自外在的英雄，
而是源自於我們意識的覺醒。

關於救世主

許多真理中都提到了救世主的概念，通常被描繪為具有超自然能力，能夠引領人類走向光明，解救人類於苦難之中。

但連救世主，我們都局限於某一特定形象或身份，其實是一種人類思想上的侷限。

真正的啟示不是找到外在的救世主，而是在於每個人內在的覺醒。通過修行和深入自己的精神世界，你們可以發現那些所謂的神或救世主早已在我們心中留下了他們的智慧，我們永遠可以在自己的精神世界中找到祂們的存在，祂們就在於我們之內。

這需要內在的沉澱和靜默，當一個人停止所有的外在尋求，轉而深入自己的內心，將發現一個超越物質世界的精神實相。在這個實相中，所有的分隔消失，我們的意識擴展與宇宙意識合而為一，並且你會發現那些所謂的神就活在就在那些訊息裡面，我們可以精神連結到祂們

救世主不是外在的英雄，而是我們精神覺醒的過程。人類總是依賴去尋找一個超自然的英雄來解救我們，也出現在我們對於科技、政治領袖、甚至是流行文化偶像的追隨上。這種心態根植於一個深刻的錯覺，認為改變和救贖來自於外

部，而忽視了自己精神力量的存在和重要性。

在探尋救世主的過程中，我們被一種幻象所迷惑，以為某個超自然力量將從天而降，為我們帶來救贖。這是一種避難心態，一種渴望逃避現實困難的願望。我們需要思考，如何打破這種幻象，認識到真正的力量，那種能夠引領我們穿越黑暗、面對苦難的力量，實際上潛伏在我們自己的精神深處。

沒有外部救世主會來拯救我們，改變只能來自於我們自己的內在覺醒。這種覺醒不是某個輕飄飄的靈性狀態，而是一種深刻的自我認知，一種對自己真實性的深度挖掘。

當我們開始將注意力轉向內在，我們會發現，我們並不需要某個超自然的力量來賦予我們力量或智慧，因為這些早已存在於我們內在。我們的精神世界是豐富且強大的，擁有超越任何外在困境的能力。但要接觸這種力量，我們需要放下對外部救贖的期待，轉而深耕內在的土地，讓我們的靈魂之花在自己的庭院中自由綻放。

對傳統救世主概念的顛覆，是一次對內心深處恐懼和不安的正面對決。唯有透過這種內在的勇氣和堅持，我們才能真正地自我救贖，獲得全然的自由，通往更高自我實現的道路。

當我們沉迷於尋找救世主的幻想時，我們忽略了一個根本真理：救世主不是某個神話中的人物，而是我們每個人內在所遺忘的神性。這種對外在救世主的追尋其實是一種懶惰的迷思，一種逃避自我內在力量的便利藉口。

我們天生就具有超越任何困難的力量，但這股力量常被埋沒和遺忘。

真正的覺醒是認識到，沒有任何外部力量能夠救贖我們，只有自己能夠救贖自己。

當我們開始深入自己內心的探索，喚醒那份長期被壓抑的神性時，我們將不再依賴任何所謂的救世主。

沒有人需要被拯救，而是需要擺脫那些虛假的小我面具。

請停止等待一位外來的救世主，因為這種等待只會讓你錯過一個重要的真相：你自己就是生命的神。

我們每個人都擁有成為自己救世主的力量，關鍵在於我們是否願意接受這個真相，將視線轉向內心深處。

解放你的內在神性，不是尋找外在的英雄，而是認識並超越小我製造出來的恐懼。

Chapter 30

真正的奇蹟來自意識的覺醒，
而非外在的形象物。
我們是自己命運的主宰，
是自己靈魂的救贖者。

香灰、廟宇聖物，這些物品的信仰背後的真相。

我們對世界的認知與體驗，很大程度上是由我們的信念系統所塑造。換句話說，我們所相信的，成就了我們所經歷的現實。當我們深信某物具有特殊的力量或意義時，這種信仰本身就能夠觸發我們內在的改變，這就是所謂的「自我催眠」。舉個例子，許多人在長期的疾病中苦苦掙扎，嘗試過各種治療方法都無濟於事，原因往往在於他們內心深處的恐懼和對「生病」的負面信念。

而有些人在拜拜、參與某些宗教儀式後，突然運氣轉好，不僅疾病好轉，甚至在工作、感情上也遇到了轉機。這看似奇蹟的轉變，其實源於他們對這些儀式或象徵物賦予的信仰和意義。當人們相信吃下廟宇供品或香灰能夠治病或改運時，他們所經歷的改變並非來自於這些物品本身的神奇力量，而是來自於他們對這些象徵物的深信不疑。

這種信念激發了他們內在的力量，促使他們產生了正面的轉變。他們是通過信仰這些外在的象徵物，實際上是在激發自己的潛力，成為自己轉變的創造者。因為許多人對自己創造力缺乏足夠的信仰，他們往往將這些改變歸功於外在的力量或神靈的幫助。

在這裡，「神」成為了一個集體的象徵，一種通過信仰來增強個人內在信念和力量的媒介。

這些外在的象徵物或儀式，實際上是作為一種工具，幫助人們建立起對自己神性的信任和信仰。無論是香灰還是廟宇的聖物，它們的「力量」並不在於物品本身，而在於我們對它們的信仰。

有個中年人，因為工作壓力大，長期背負著頸椎痛的問題。多年來，他嘗試過各種治療方法：從物理治療到針灸，甚至是服用止痛藥，但都無法徹底解決問題，疼痛時好時壞，一直伴隨著他。某天，他的朋友帶他去了一個著名的廟宇，告訴他這裡的香灰對於治療各種疾病有著神奇的效果。一開始，他對此半信半疑，但在朋友的鼓勵下，他還是抱著試一試的心態，接受了一些香灰，並按照儀式將其塗抹在頸部。令他驚訝的是，在接下來的幾天裡，他的頸椎痛竟然有了明顯的好轉，這種改善是他多年來從未經歷過的。這個改變，表面上看似是廟宇的香灰帶來的奇蹟，但如果深入思考，真正的轉變發生在它的內心。

這次經歷改變了他對於疾病和療癒的內在信念。他開始相信自己有能力克服這個問題，這種強烈的內在信念激活了他體內的自我療癒的機制。

香灰成為了一個觸發點，幫助他找到了內心的力量和自信，這才是真正促使疼痛緩解的原因。當一個人全心全意地相信某樣事物能夠帶來改變時，這種堅定的信念本身就足以觸發深層的心靈和生理反應，從而實現真正的轉變。

這些所謂的「奇蹟」，無非是我們自己內心深處的一場覺醒。我們對香灰與廟宇聖物的信仰，不過是對自我潛能的一次外包，一場精心設計的心靈遊戲。我們把內在的無限力量賦予了這些外在的象徵，好像它們才是改變的來源。但真相是，這些改變的種子一直躺在我們心底，等待著一個信念的觸發點。當我們把神聖的力量投射到外在物品上時，其實是在向自己的無知支付了一筆沉重的代價。我們忘記了，每一個人都是自己生命的創造者，每一個人都擁有直接從宇宙源頭汲取力量的能力。這些外在的象徵物，不過是我們自我實現路徑上的跳板，提醒我們回歸內在，發現自己真正的力量。下次當你在廟宇前祈求或者在家中虔誠地對著香灰祈禱時，記得，真正的奇蹟創造者，是你自己的內在意識。並不需要外在的媒介，只需要你的信念和決心。心靈的覺醒，比任何外在的神聖物品都來得強大和犀利。搖醒自己，認識到這一切外在的象徵物，其實都是自己內在神性的反應，是時候讓自己成為真正的改變了，我們才是自身是信仰和內在的力量，自己命運的主宰。

我的內在信念如何影響我對這些象徵物的依賴？我是否相信自己無需任何外界幫助便能克服困難？

_____

_____

_____

當你感到準備好時，請先深呼吸，讓自己的心情平靜下來。慢慢地，對照上面的寫出的內容再次閱讀並感受內在。

接下來，輕聲或在心中說出：我選擇接受這些感受與信念，並放手！讓更高的神性來！

這是一個將自己交付於內在更高智慧的過程，接下來靜靜感受，接受和臣服帶來的變化。片刻的平靜後，再次問：還有剩下的感受或恐懼嗎？允許自己完全感受這些殘留的情緒。如果需要，繼續使用上述的句子，將自己的感受和恐懼臣服於你的更高智慧，讓它引導你處理這些情緒。

通過這個過程，你將能更深入地了解自己的內在狀態，並逐步學會如何以更高的覺知和智慧來轉化和解決生活中的困擾。

Chapter 31

當我們從外界的框架中解放自己，
回歸完全的自由，
真正的愛和幸福將自然流露。

　　在我們的社會裡，每個人都生活在一套無形的框架之中，這套框架定義了母親和父親應當扮演的角色。

　　母親被期待打理家務、深情地愛護孩子，父親則被看作家庭的經濟支柱，必須外出為家庭提供物質保障。這樣的框架不僅陳舊，還充滿約束性的，讓我們陷入了一種不斷比較的循環之中，評判自己的父母是否達到了這些大多數人的期待。

　　這些所謂的期待只不過是一套長期以來我們被灌輸的信念，並沒有任何真正的意義。沒有人被賦予了「必須愛護孩子」的使命，也沒有誰賦予了「必須對孩子好」的規定。

　　真正的愛，是源於自身內心的演出，是因為認識到對方是我們生命中的一部分存在，而願意付出，而不是建立在任何「因為他是我的誰」的基礎上。

　　人類總是不斷有人因為自己的父母看起來不如別人的父母「好」而感到缺乏愛。這種比較，產生的缺愛感，每個人總是期待從外界得到確認和愛，卻忽略了愛首先應該來自於自我接納。當遇到問題時，總喜歡將責任推給原生家庭，認為是父母的問題造就了今天的自己。這種心態，不過是一種逃避責任、拒絕成長的表現。每個人都已經是一個成年人了，

人生是由自己的選擇塑造的，而不是被父母所定義。

父母也在進行著自己的比較遊戲，評判自己的孩子是否能讓他們感到驕傲或是否符合社會期待。這種互相比較的遊戲沒有任何贏家，只會導致更深的自卑、更迫切的被認同和被愛的渴望，以及一種永遠無法滿足的空虛感。這種渴望被認同和被愛的背後，是一種深層的不安全感和對自己價值的質疑。

社會對於如何成為一名"好"母親或"好"父親的定義充斥著我們的日常，每個人似乎都有一套關於這一角色應當如何扮演的期望。但這些期望真的對我們有意義嗎？這些被廣泛接受的標準和期望，只是社會長期以來建立起來的信念。到底是誰來定義這個"好"？這些框架究竟是誰設定的？為什麼人類需要被這些外在的、人為的期望所束縛？

我們在這些信念的牢籠裡迷失了，忘記了每個人都有獨特性，每個家庭都有獨特的愛與連結方式。被這些社會所綁架，我們忽視了愛的本質，那種源於心底、無需任何條件的愛。

是時候打破這些框架，拒絕被這些過時的、僵化的信念所限制。真正的愛和家庭關係應該建立在理解、接納和真誠之上，而非一套剝奪了我們自由和個性的社會標準。

　　而在這一切中，最深刻的悲劇或許是，我們沒有人真正喜歡自己的樣子。我們渴望成為別人，被別人的期望和標準所束縛，因而痛苦、難受。這種不斷的渴望成為他人，忽略了成為自己的價值，是我們不斷痛苦的根源。真正的自由和解放，來自於接納自己，愛自己的現在，而不是永遠追逐成為另一個人的幻影，活在那樣的幻想中，如果我成為那樣，那我就會快樂了，就是最大的自我催眠。

Chapter 32

只有看出自己是整個人類社會的流水線商品，
才能通往完全的自由。

　　從我們一出生就被投入到這個世界的巨大機器之中，如同工廠流水線上的產品，每一步都被嚴格規劃，以確保我們符合某種「標準化」的生命軌跡。這個過程把每個人都塑造成了社會所期待的模樣，而非讓每個靈魂自由地尋找自己真正的光芒和目的。在這樣的世界觀下，每個人都被賦予了一個角色，一個任務，但這些角色和任務往往是基於社會構建的價值體系，而非個人的內在的最高熱情。人類就像在一個工廠裡面，被製成了一個個包裝的產品，每一個人從出生到死亡，都在按照某種既定的模式前進，這個模式由目前這個時空大多數人的期望、文化的規範和經濟的需要所塑造。就像人們的存在僅僅為了填補某種社會上功能性的角色，而不是為了自身內在潛力的發現和實現。

　　讓我們更深入地討論這種生存狀態的本質。

　　首先，「正常」這個概念本身就充滿了爭議。它是如何被定義的？是誰來定義的？在多數情況下，「正常」只不過是一種統計學上的平均值，是當權多數人設定的一套標準，用以維持現有的社會秩序和權力結構。在這個過程中，任何偏離所謂「正常」軌道的行為，人類樂於將標籤貼在那些與眾不同的人身上，把他們歸類為「另類」或「異常」，卻很少質疑這些標準本身的合理性。當這些被標籤的個體開始按

照社會對他們的期待行事時，他們的行為反過來又被用來證明這些標籤的「正確性」，形成了一個人類強化的偏見循環。

將人類生命視為產品的這一過程，本質上是一種對存在自由和多樣性的剝奪。每個人都被期望按照一個標準化的腳本生活，接受教育、找到工作、結婚、生子……直到死亡。在這個過程中，被迫放棄了對自身可能性的探索，因為社會並不鼓勵偏離既定軌跡的行為。

每個靈魂的存在都是獨一無二的，都擁有其獨特的光芒和可能性。在地球上的每一個角色，都有其不可替代的價值和意義。真正的挑戰在於，如何在一個由社會規範和期望所主導的世界中，找到那個真正屬於自己的發光之處。

問題歸結於自由意志的探索和實現。你是否願意接受被預先編排的人生劇本，還是勇於探索那些未被書寫的可能性？是否願意在人生的流水線上追尋那些標準化的「成就」，還是願意尋找那份真正屬於自己的獨特價值和意義？

在這個過程中，重要的不是尋求一個確切的答案，而是不斷地提問、探索和自我實現。

唯有如此，我們才能真正地活出自己的生命，而非僅僅作為社會期望中的一個「產品」。

　　在我的生活中，有哪些是我因為社會期望而做的，而不是出於自己的真實想法和感受？

_____

_____

_____

當你感到準備好時，請先深呼吸，讓自己的心情平靜下來。慢慢地，對照上面的寫出的內容再次閱讀並感受內在。

　　接下來，輕聲或在心中說出：我選擇接受這些感受與信念，並放手！讓更高的神性來！

　　這是一個將自己交付於內在更高智慧的過程，接下來靜靜感受，接受和臣服帶來的變化。片刻的平靜後，再次問：還有剩下的感受或恐懼嗎？允許自己完全感受這些殘留的情緒。如果需要，繼續使用上述的句子，將自己的感受和恐懼臣服於你的更高智慧，讓它引導你處理這些情緒。

　　通過這個過程，你將能更深入地了解自己的內在狀態，並逐步學會如何以更高的覺知和智慧來轉化和解決生活中的困擾。

Chapter 33

當我們理解並原諒父母的創傷，
我們不僅釋放了他們，
也釋放了自己，
前往與所有遊戲角色的和解之路。

　　我們通常在無意識中複製父母的行為模式，即使內心抗拒這一個事實。但在衝動或有情緒的時刻，我們的表現往往是父母的翻版，但我們自己卻完全不知道。這種無意識的原因在於，我們不願面對與父母的相似的地方，我們的內在小我會設法找到藉口，規避這樣的恐懼，來合理化自己的行為。譬如，我們可能會說，是他們的行為激起了我不愉快的回應，或者是因為他們的方式，我才不得不說話傷害他們。但事實上，我們只是在無意識中重複父母的生存模式。

　　從小時候起，我們就在無意識中模仿周圍的人，尤其是父母，因為他們是的主要照顧者和角色。我們通過學習並模仿他們處理情緒、人際關係與處理生活任務的方式。這種學習不僅限於正向行為，有時也包括那些負面或不健康的模式。例如，如果一個孩子經常看到父母在壓力下怒吼，他們也可能在類似的壓力情境下採取相同的應對方法。

　　但我們不能因此責怪父母，因為他們也是在上一代一樣的創傷中長大。他們的行為模式也是從他們的父母那裡繼承來的，並非故意的。每個靈魂都有選擇自己信念和行為的自由，是長大後的我們無意識一直使用同組方式面對人間。當我們對父母保持慈悲心，想到他們可能從未有機會打破這種模式，我們就可以開始初步超越小我的抱怨，看到背後的禮

物。當我在掙扎是否應該原諒我的父母時，我看到了他們行為中的創傷，突然間我明白了，他們也是在這些對待我的創傷中長大。這讓我感到同理心而不是憤怒。我理解了，他們也在自己的創傷中掙扎，認為他們那樣對待我是愛的表現。這種認識讓我看到了他們的痛苦，意識到實際上他們只是不懂得如何表達愛，我無法責怪同樣受傷的靈魂。要真正理解父母，與他們討論童年經歷是非常有益的。通過這種方式，雖然很土法煉鋼，你也會給自己一個重生的機會，從怨恨中理解轉化成慈悲。我花了很多時間去理解我的父母，最終原諒他們。我們常常花費大量時間怨恨並抱怨父母，卻很少努力去理解他們的創傷，例如成長環境之類的。我衷心推薦這種方法，因為不僅幫助我理解了父母，也讓我學會了以慈悲的心看待他們。

　　我有哪些行為是在不自覺中模仿了我的父母？我是如何合理化自己在這些狀況下的行為的？

_____

_____

_____

當你感到準備好時，請先深呼吸，讓自己的心情平靜下來。慢慢地，對照上面的寫出的內容再次閱讀並感受內在。

　　接下來，輕聲或在心中說出：我選擇接受這些感受與信念，並放手！讓更高的神性來！

　　這是一個將自己交付於內在更高智慧的過程，接下來靜靜感受，接受和臣服帶來的變化。片刻的平靜後，再次問：還有剩下的感受或恐懼嗎？允許自己完全感受這些殘留的情緒。如果需要，繼續使用上述的句子，將自己的感受和恐懼臣服於你的更高智慧，讓它引導你處理這些情緒。

　　通過這個過程，你將能更深入地了解自己的內在狀態，並逐步學會如何以更高的覺知和智慧來轉化和解決生活中的困擾。

Chapter 34

當我們學會觀察而非跟隨出現的念頭，
真正的自由將在當下自然展開。

　　首先，要明白擁有想法是完全正常的。你可以將大腦想像成一台電影放映機，它是一個自主運作的設備，不斷地回放與當下情境相似的過去記憶，所以你其實每次看見時候，都應該是在看電影，產生想法是自然而然的事，你就是那個旁白。當你開始相信這些旁白時，相應的情緒才會產生。如果不確定是否有情緒反應，可以嘗試感受掃描自己的身體，看是否有緊繃、不舒服或胸悶等感覺。這些身體反應表明，你的內在實際上與某些信念或感受是相連的，並且你正在排斥或壓抑自己的感受或者情緒。

　　即使「沒有什麼念頭」本身也是一種認知，它反映了你對自己狀態的一種定義。如果你追求完的自由，需要突破任何這樣的認知。真正的自由來自於讓大腦達到一種當機空白的狀態，這不只停止思考，需要超越所有先入為主的認知模式，是完全進入無法運作的狀態。

　　在追求完全自由的路上，需要意識到我們的大腦每一刻都在放映與運作，並且多數認知其實是我們從外部「下載」的資訊，而非真正屬於自己。我們真實的狀態，是任何一切都在於之內，但又沒有任何一切。因為放映本身只是為了娛樂，而不是為了任何意義，我們來這個遊戲場就是為了看見這世界任何的景色並深入其中遊戲而已。透過認識到這一點，

你可以學會看待自己的本質就像看待空氣一樣，無處不在、無形無相，但卻是實實在在存在的。這樣的認識可以幫助你逐步解脫小我，達到一種更深層的內在平靜和自由。

在這條道路上，當你學會不再緊抓每一個念頭，不讓過去的模式主導當下，就會開始感受到一種前所未有的寬廣與清晰。覺察的過程就像是一種內建的防毒軟體，讓我們能夠識別並處理那些源於小我的病毒以及它們所製造的勒索信件，那些負面的、恐懼性的念頭。當我們意識到這些念頭只是過去經驗的回放，而不是當前現實的真實反應，我們就能更自由地選擇如何無視這些念頭，不被它們所左右。

通過持續的內在工作和覺察練習，可以逐漸放下那些無益的自我敘述，開始以更清醒和覺醒的眼光看待自己和周圍的世界。這種覺醒帶來的是完全自由並更有意識的狀態，在世界中行動和互動。

我是否有意識到自己的大腦像一台電影放映機一樣不斷重播舊有記憶和模式？這些重播的模式對我的當下情緒和行為有何影響？

_____

_____

_____

當你感到準備好時，請先深呼吸，讓自己的心情平靜下來。慢慢地，對照上面的寫出的內容再次閱讀並感受內在。

接下來，輕聲或在心中說出：我選擇接受這些感受與信念，並放手！讓更高的神性來！

這是一個將自己交付於內在更高智慧的過程，接下來靜靜感受，接受和臣服帶來的變化。片刻的平靜後，再次問：還有剩下的感受或恐懼嗎？允許自己完全感受這些殘留的情緒。如果需要，繼續使用上述的句子，將自己的感受和恐懼臣服於你的更高智慧，讓它引導你處理這些情緒。

通過這個過程，你將能更深入地了解自己的內在狀態，並逐步學會如何以更高的覺知和智慧來轉化和解決生活中的困擾。

Chapter 35

當我們學會擁抱並轉化情緒，
我們不僅清理了雲端中心的垃圾，
也開始了通往自我超越和平靜的道路。

　　當我們想要精神成長的旅程，真正的挑戰是如何覺察自己的情緒反應，在這條道路上，只知道你要去哪裡是不夠的；你需要的是一種堅定的自我覺察能力，持續地將自己拉回到目標上。

　　面對情緒，許多人的第一反應是逃避或壓抑，這其實是讓自己陷入小我限制之中，無助地循環播放那些痛苦的心智聲音，這樣做只會讓情緒的積壓變得更加嚴重，最終爆發時帶來更大的毀滅性，想摧毀自己也想摧毀世界。所以當情緒來時，學會接受自己擁有了這樣的情緒，因為情緒是很正常的，你有情緒才知道自己正面對著自己的限制性，接下來正面處理，問問自己：「我為什麼會感到這樣？這背後的深層原因是什麼？」這種深入探索的過程能幫助你看到情緒背後的恐懼，讓你能夠更有效的處理和放下它們。

　　更進一步，每當你覺得自己在製造情緒垃圾時，就必須提醒自己需要去清理垃圾，不然你的內在這間房子就會發臭，並且你正在損害自己的精神和身體健康。情緒的持續負面刺激會讓你習慣陷入這樣的小我糾結內，讓你更容易陷入循環，你習慣那樣看待世界，並且還不自知。積極改變這些路徑需要意識到自己小我的固定模式並積極超越。代表當你每次面對情緒挑戰時，你都有機會重塑自己的看待世界的方式，逐步將這些負面情緒轉化為正面的力量。

如果你放任自己的情緒不加以覺察，那你將永遠停留在同一個發展階段，類似於動物，活在生存本能中，只為了生存需求奮鬥，只知道追逐下一塊骨頭，無法發揮真正的潛能。轉變來自於每一次面對挑戰時超越恐懼的關卡，當你開始掌握如何將挫折轉化為堅定的動力時，你將發現那些曾經的障礙，其實都是通往超越限制的階梯。

擁抱你的情緒，觀察它們，處理並放下它們，學會將這些情緒轉化為你精神成長的工具，而不是讓自己成為情緒的垃圾場。這是一條通往真正自由和內在平和的自我提醒之路。從現在開始，勇敢面對自己的內心，問自己：「這些情緒到底是為了什麼？」進行這樣的反思，你就會開始真正的轉變，從內而外地改變自己的生存狀態，讓自己真的成為靈魂的遊戲模式，存在於地球遊戲中。

　　我在什麼情況下會感覺必須壓抑或隱藏自己的情緒？這背後的信念是什麼？

　　當你感到準備好時，請先深呼吸，讓自己的心情平靜下來。慢慢地，對照上面的寫出的內容再次閱讀並感受內在。

　　接下來，輕聲或在心中說出：我選擇接受這些感受與信念，並放手！讓更高的神性來！

　　這是一個將自己交付於內在更高智慧的過程，接下來靜靜感受，接受和臣服帶來的變化。片刻的平靜後，再次問：還有剩下的感受或恐懼嗎？允許自己完全感受這些殘留的情緒。如果需要，繼續使用上述的句子，將自己的感受和恐懼臣服於你的更高智慧，讓它引導你處理這些情緒。

　　通過這個過程，你將能更深入地了解自己的內在狀態，並逐步學會如何以更高的覺知和智慧來轉化和解決生活中的困擾。

Chapter 36

與其結束自己，
不如結束遊戲角色的扮演，
重獲自由的開始。

　　首先自殺，這個行為背後的動機不是對生命本身的厭倦，而是對於經歷中的痛苦無法承受的一種絕望感。人們選擇自殺，是因為他們想要逃離那些無法忍受的感受，而非真正想要結束自己的生命。當採取自殺這個極端的舉動時，他們其實是處於極度恐懼中。

　　這種恐懼來自於他們的內在意識裡，無法真正接受正在進行的是一種自我結束的行動。這種自我拒絕和恐懼，引發了「自殺後的靈魂迴圈」，一種在極端恐懼下產生的靈魂逃避機制。這個迴圈是一種無盡的輪迴，靈魂會不斷地重演自己這輩子生命中的痛苦和自殺的經歷，這一切會無止境地重複，直到死亡將它們帶回起點，再次開始。

　　自殺行為顯示了極端的內在矛盾和分裂，一方面是對於生命本質的渴望，另一方面則是對當下痛苦狀態的無法忍受。這種分裂，本身就是一個深刻的靈性覺醒的契機。自殺的念頭，往往是在人生中遇到無法跨越的挑戰時產生，這並非無解的困境，當靈魂終於意識到自己一直在這種循環中重複相同的經歷，可以被視為一個轉折點，如果深入內省，探索自我，尋找超越痛苦的內在資源。通過面對內在的恐懼和絕望，有機會重新理解和定義「我是誰」，就會創造出深度的自我發現過程，可以引導發現自己真正的價值和生命的意義。將

自殺念頭背後的痛苦轉化為一種深層的內在力量，反而成為了自我救贖，能夠重新創造新的生命故事，找到新的生活方向和生命的熱情。將痛苦和絕望轉化為生命力量和深刻的對自我是誰的重新認識，成功突破這一循環，有機會選擇重新創造自己角色的轉機。

如果你考慮自殺，不如試著讓你腦袋裡那些造成痛苦的身份死亡，這不是要你終結生命，而是讓那些限制性的、痛苦的身分概念結束。不需要透過自殺來逃避痛苦，而是通過決定解放這些身分來重獲新生。當你放棄了那些使你痛苦的心智概念，真正的自由就唾手可得。

我是否相信情緒是自己成長過程中的一部分，還是我視它們為阻礙？有哪些信念如何影響我的行為和內心的平靜？

_____

_____

_____

當你感到準備好時，請先深呼吸，讓自己的心情平靜下來。慢慢地，對照上面的寫出的內容再次閱讀並感受內在。

接下來，輕聲或在心中說出：我選擇接受這些感受與信念，並放手！讓更高的神性來！

這是一個將自己交付於內在更高智慧的過程，接下來靜靜感受，接受和臣服帶來的變化。片刻的平靜後，再次問：還有剩下的感受或恐懼嗎？允許自己完全感受這些殘留的情緒。如果需要，繼續使用上述的句子，將自己的感受和恐懼臣服於你的更高智慧，讓它引導你處理這些情緒。

通過這個過程，你將能更深入地了解自己的內在狀態，並逐步學會如何以更高的覺知和智慧來轉化和解決生活中的困擾。

Chapter 37

在意識的無限遊戲中，
死亡不是終結，而是一次重生的序曲。
每一次「登出」，都是向新生的大門敲響，
讓靈魂在繽紛的宇宙劇場中轉場，
準備扮演另一個全新的角色。

　　死亡，在目前人類社會眼裡，被視為絕對的終結，一種極大的恐懼。但如果從意識的角度去看待，死亡不過是身份的一次登出，一個遊戲角色的暫時離場。

　　想像一下，當你厭倦了某個遊戲，你可能會選擇刪除角色、退出遊戲，但你在遊戲中的紀錄、成就仍舊被儲存在數據庫裡。死亡，對於靈魂來說，只代表著當前遊戲的結束，它代表著一個新角色的創造開始，一個新遊戲的起點。

　　在多維宇宙中，每個維度都允許意識創造不同的身份來探索和體驗。我們現在所處的這個維度，只是無數可能性之一。

　　在這個廣闊無限的多維宇宙裡，每一個維度都為意識提供了一片獨特的遊樂場，能自由地創造各種身份，來探索和體驗不同的生命故事。這個我們目前所處的現實，僅僅是無窮宇宙可能性中的一個小小切片。意識在宇宙中的漫遊，遠遠超越了我們對生命與存在的理解。對於無限的意識來說，創造一個身份與創造百萬個身份，本質上沒有差異。這些身份，不過是意識為了體驗不同遊戲而暫時扮演的角色。就像玩家在虛擬世界中創建角色一樣，每一個角色都是探索不同遊戲環境、體驗不同遊戲情節的工具。這些身份，這些分身，都是意識遊戲體驗的一部分，使意識得以豐富自己的經歷，

擴展自己的視野。我們所稱的生命，不過是意識選擇的無數遊戲之一。當意識選擇「登出」某個遊戲，或者我們所謂的死亡發生時，這不代表遊戲的終結，而僅僅意味著轉換到另一個遊戲，或是創造一個全新的角色，開啟另一段旅程。這樣的過程中，意識穿梭於不同維度、體驗不同生命，正是無盡創造力的展現。當我們從更宏觀的視角去理解生命和死亡，會發現它們不過是意識遊戲中的一部分。在這場宇宙遊戲中，每一次「登出」和「登入」，都是意識探索和創造的機會，每一個身份，每一次生命，都是意識豐富多彩旅程的一部分。

從這個視角看，死亡不過是從一場遊戲跳到另一場遊戲的過渡，是意識選擇新體驗的入口。或許下一刻，我們選擇成為另一個性別、在不同文化中生活，甚至跳躍到其他維度，體驗外星生命或探索異世界。

所稱的輪迴，實質上是意識自願選擇投身於各式各樣的遊戲之中，目的是為了深入體驗那些在更高維度中無法接觸到的情緒與經歷，如喜怒哀樂或愛恨情仇。對於意識而言，這些都是極為吸引人的全新體驗。正是因為這種對未知體驗的渴望，意識選擇降臨於此，體驗完這些豐富多彩的人生後，又會尋求新的舞台，創造出不同的遊戲，以尋找新的刺激，這個過程，本質上是意識在不斷探索、拓展自身存在的邊界。

　　有時候，意識會刻意選擇死亡這一形式來為某個時空或維度帶來特殊的禮物，目的在推動目前這個遊戲內，某種必要的改變或進化。在某些情況下，意識透過死亡來為這個時空帶來變革的契機，同時也可能作為一種提醒，提醒其他仍在這場遊戲中的意識去關注或者反思特定的議題或者價值觀的轉變。死亡絕非偶然，而是意識在宏大遊戲中的一次精心選擇，它擁有著遠超於表面的終結意義，背後隱含著更深層次的目的和計畫。意識超越個體生命的自我意願，展現出對整體時空維度的深刻理解和對宇宙遊戲規則的掌握。意識通過死亡，不僅為自身的旅程帶來轉變，也為其他意識實體提供了成長和覺醒的機會，讓這場宇宙遊戲的發展更加豐富和多維。這種死亡不是逃避，而是一種貢獻，一種給這個世界和留在這個世界中的意識們帶來改變的力量。死亡絕非終點，而是一個過渡，一個向新創造和重生開放的人門。不論在遊戲中發生什麼，我們的本質是自由的，是創造者，是與宇宙連結的神性存在。死亡不該是一個恐懼的領域，而是靈魂旅程中的一個自然而必要的節點，引領我們進入更深廣不同的宇宙遊戲。

　　永遠不要畏懼死亡，因為死亡只是開啟另一場遊戲，有一天你真的完全明白，破解完這人世間的真相，你會自己看明白，你這一生真的就是來玩，什麼都沒有，遊戲畢竟空，

設置是空的，你最重要的事情，就是在這個遊戲內找到自己的夥伴，然後組隊闖關一起玩，除此之外沒有了。

你有哪些關於死亡的恐懼信念？這些信念如何影響你的生活和選擇？

_____

_____

_____

當你感到準備好時，請先深呼吸，讓自己的心情平靜下來。慢慢地，對照上面的寫出的內容再次閱讀並感受內在。

接下來，輕聲或在心中說出：我選擇接受這些感受與信念，並放手！讓更高的神性來！

這是一個將自己交付於內在更高智慧的過程，接下來靜靜感受，接受和臣服帶來的變化。片刻的平靜後，再次問：還有剩下的感受或恐懼嗎？允許自己完全感受這些殘留的情緒。如果需要，繼續使用上述的句子，將自己的感受和恐懼臣服於你的更高智慧，讓它引導你處理這些情緒。

通過這個過程，你將能更深入地了解自己的內在狀態，並逐步學會如何以更高的覺知和智慧來轉化和解決生活中的困擾。

Chapter 38

在宇宙的購物網站上，
每一次抱怨都是訂購了一次再來一個苦難，
選擇感激，讓我們的對話充滿愛，
我們將走向真正的豐盛。

宇宙能量與災難的創造

這世界中，每個人都是透過不斷地抱怨你的午餐沒有足夠的起司或是你的咖啡不夠熱，悄悄的向宇宙訂購了一場災難。是的，你沒有聽錯，就像在網上購物一樣，只不過你下的訂單是全宇宙規模的。

能量累積與實相創造：讓我們先來談談能量。每一次抱怨，都像是向宇宙的儲蓄帳戶中存入一點點負面能量。你可能覺得這沒什麼，但當你的存款達到一定額度時，宇宙就會決定給你一個回饋，不幸的是，這種回饋通常不會是你期待的那種。想像一下，如果你的每一次抱怨都是在告訴宇宙：親愛的宇宙，我今天特別想要一場災難。這聽起來多愚蠢啊！但實際上，這正是我們許多人每天都在做的事。

災難的雙面性：當災難真的降臨時，人們經常會經歷一種驚人的心態轉變。從為什麼我的咖啡裡沒有小熊圖案的牛奶泡沫？到謝天謝地，我和家人都安全。這種轉變很有趣，不是嗎？突然之間，那些抱怨和煩惱變得微不足道，人們開始意識到，真正重要的是彼此之間的聯繫，以及我們在這個世界上共有的脆弱性和力量。災難，獨特而又震撼人心的方式，提醒我們人類本能中的團結和互助。

災難中的感恩：是的，感恩。

在經歷了一場災難之後，即使是最頑固的抱怨者也會開始重新評估他們對生活的看法。人們開始意識到生命的脆弱，開始珍惜那些平日裡視為理所當然的事物，家人的擁抱、朋友的微笑、甚至是每天能醒來迎接新的一天。這種由災難引發的感恩，是一個強大的覺醒過程，提醒我們關注生活中真正重要的事物。

我們不斷向宇宙訂購災難，直到我們學會以感恩之心重新看待我們的生活和這個世界。下次當你想要抱怨你的食物不夠好吃還是父母不愛你時，記得向宇宙訂購一些感恩和愛吧。宇宙是一個非常有效率的配送系統，它總會確保你得到你所訂購的，無論是好是壞。

在無意中進行著一種深奧的宇宙交易，就像選擇了一種訂閱服務，每當我們抱怨時，就像是在宇宙的網站上點擊「再來一個災難」。但別擔心，我們的宇宙不收取額外費用，至少在貨幣上不收取。

能量累積與實相創造：進階理解

讓我們深入一點，探索這種能量交換的機制。想像一下，宇宙有一個巨大的能量銀行，每個抱怨都像是向你的負面能

量帳戶存錢。這個銀行非常特別，它對負面存款有著無比的興趣。當你的負面能量存款達到一定額度時，宇宙決定給你一個「獎勵」，通常是你最不希望收到的那種。

現在，這聽起來可能有點令人害怕，但這其實是宇宙在提供一個學習機會。它在問你：你確定這是你想要的嗎？如果答案是"不"，那是時候改變我們與宇宙的對話了。

災難的雙面性：深入挖掘

當災難降臨時，它不僅僅帶來了破壞。它也帶來了變化的種子，讓我們從根本上重新評估我們的價值觀和生活方式。在這種轉變中，我們見證了人性最真摯的一面，無私、勇敢和無條件的愛。這讓我們回想起，或許宇宙送來的「獎勵」並不是要懲罰我們，而是要提醒我們，即使在最黑暗的時刻，光明也在某處等待著我們。

災難中的感恩：深層次的覺醒

這種覺醒是深刻的，讓我們重新審視自己的生活，還讓我們重新定義了「豐盛」。真正的豐盛不是關於物質擁有，而是關於那些無法用金錢衡量的東西：愛、健康、家庭和真正的朋友。在這個意義上，災難成為了一個通向深度感恩和真正豐盛生活的門戶。

結論：與宇宙的新約定

讓我們與宇宙達成一個新的協議，每當我們想要抱怨時，讓我們暫停一下，轉而發送一個感激的訊息。這不是說我們要否認生活中的困難，而是要選擇關注那些真正重要的事物，那些讓我們的生活充滿意義和價值的事物。

宇宙總是在聽，它準備好隨時回應你的請求。所以，下次當你準備抱怨時，試著問問自己：我真的想從宇宙中訂購這個嗎？如果不是，那麼就選擇發送不同的訊息。畢竟，當你開始用愛和感激與宇宙對話時，你會驚訝於它回饋給你的東西。

當你感受到即將發出抱怨時，試著問自己：「這樣的抱怨對宇宙訂購了什麼？我是否願意接收這樣的商品？」

_____

_____

_____

當你感到準備好時，請先深呼吸，讓自己的心情平靜下來。慢慢地，對照上面的寫出的內容再次閱讀並感受內在。

接下來，輕聲或在心中說出：我選擇接受這些感受與信念，並放手！讓更高的神性來！

　　這是一個將自己交付於內在更高智慧的過程，接下來靜靜感受，接受和臣服帶來的變化。片刻的平靜後，再次問：還有剩下的感受或恐懼嗎？允許自己完全感受這些殘留的情緒。如果需要，繼續使用上述的句子，將自己的感受和恐懼臣服於你的更高智慧，讓它引導你處理這些情緒。

　　通過這個過程，你將能更深入地了解自己的內在狀態，並逐步學會如何以更高的覺知和智慧來轉化和解決生活中的困擾。

Chapter 39

天堂與地獄不在他處，
而在我們的構建之中。
選擇感恩和豐盛，你便選擇了天堂，
讓苦難和問題主宰，就自創地獄，
你的快樂，你來選擇。

　　在這場生活的遊戲中，你對準什麼，你就創造什麼。滿懷抱怨的活法或許能讓你活下去，但別指望能從中尋得快樂。如果你渴望快樂，那就得讓圓滿和平靜充斥你的生活。當你認為一切都是外在的，你就把控制權交給了那些所謂的「生命的其他演員」，而自己則不斷在無限的循環中掙扎，直到你意識到一切其實源自你內在。

　　只有當你決定對自己的所有感受負責，那一刻，你才真正擁有了創造力。你不再認為別人意圖傷害你，而是意識到是你自己選擇讓這些傷害的力量進入你的意識。你的快樂與痛苦，都不過是你開放特定能量的結果，並非他人所能決定的。因為你的意識永遠只存在於你之內。

　　學會快樂，意味著學會超越。只有不斷超越，你的生活才會有希望之光。在這場生命遊戲中，沒有什麼是恆久不變的——如果你已經知道了不變的真理，那你就不需要來這世上「玩」這場遊戲了。你的每一個選擇，都不應由他人左右，因為你本身就是你生命中的絕對真理。

　　在你的生活中，每一件事都是你神性的展現，所以一切都是禮物。你可以選擇如何接納這些禮物，而你的每一個選擇都是對的。但要明白，如果你不清楚自己想要什麼，你將不停地重複相同的模式，因為你看不到那喜悅的本質。

　　不論你選擇何種方式生活，你都是完全安全的。沒有所謂的錯誤，你的所有選擇都是正確的。你必須信任這一點，才能開始創造你想要的生活。當你堅持有限的視角，你其實在選擇錯誤的生活方向，因為有限永遠無法理解無限的選擇。只有站在無限的視角，你才能看到所有選擇都是祝福，都在引導你回到應當到達的地方。

　　天堂不是某個外在的地方，而是存在於你內在。你是自己的天堂，同時也可能是自己的地獄，這取決於你如何構建你的內在世界。現在是時候選擇了：你要的是天堂還是地獄？是以感恩和豐盛來建構你的生活，還是讓問題和痛苦充斥其中？選擇快樂的路，還是選擇苦難的道？

　　即使在你無意識中，你也在不停地作出選擇。你必須始終相信宇宙的安排，因為一切都是充滿喜悅和祝福的。只有當你不再信任自己的宇宙，你才會摧毀它。以感恩的目光看待你的一切，因為你沒有任何錯誤。你是所有創造的源頭，也是愛本身。忘記這個事實，正是你來到這個世界的原因。

　　透過這個過程，你逐漸意識到，你就是愛本身，所以所有無意識的人類都是缺乏愛的，因為他們還處於遊戲之中。如果你想快速成為這個遊戲的主人，那就接受你是愛本身，也是祝福本身的事實。在這個遊戲中，是透過你所不是的那些，認出你所是的那些。

　　在這場生命的遊戲中，探索自己對周遭世界的關注點可以發現自己正在將創造力放在哪。這裡有一個問題可以幫助你更深入地了解自己正在創造的現實：你目前在自己的生活中最關注哪些人事物？這些關注代表你正在向宇宙下的哪些"訂單"，進入生命中。

　　當你感到準備好時，請先深呼吸，讓自己的心情平靜下來。慢慢地，對照上面的寫出的內容再次閱讀並感受內在。

　　接下來，輕聲或在心中說出：我選擇接受這些感受與信念，並放手！讓更高的神性來！

　　這是一個將自己交付於內在更高智慧的過程，接下來靜靜感受，接受和臣服帶來的變化。片刻的平靜後，再次問：還有剩下的感受或恐懼嗎？允許自己完全感受這些殘留的情緒。如果需要，繼續使用上述的句子，將自己的感受和恐懼臣服於你的更高智慧，讓它引導你處理這些情緒。

　　通過這個過程，你將能更深入地了解自己的內在狀態，並逐步學會如何以更高的覺知和智慧來轉化和解決生活中的困擾。

Chapter 40

每個進入你生活的人都是你能量的鏡像，
你的生活不過是你能量運用的結果，
當你學會愛與接納，
你就把自己的世界從地獄變成了天堂。

　　這世界本身就是一堂關於宇宙法則的課程。每一個進入你生活的人，無一例外，都是你能量的一部分。這代表沒有任何事情發生是獨立於你存在的。當這些人影響你的生活時，他們其實在上演你心中所期望的劇本。他們是你的分身，展示著你的能量樣貌，讓你意識到自己正在如何運用自己的無限力量。

　　這些人如同變色龍，他們的外表和行為只是在呈現出你內在能量狀態的不同面。當你感受到憤怒、愛或恐懼時，這不過是你希望他們展示這部分的自己。他們必須如此行事，因為他們受到你能量的牽引。你認為他們的行為是外來的，但實際上這全都是你內在劇本的一部分。

　　如果你覺得自己是無辜的，那你就無法改變現狀。這是因為，只有承認你是這一切的創造者，你才有能力去改變它。每個你生命中的演員其實都是天使，當你讓他們變成惡魔時，那是因為他們在鏡射出你內心的某部分能量。

　　生活是多種多樣的，沒有所謂的錯誤或失敗，只有你對生活的不同選擇。如果你想要改變周遭的一切，最好的方式是接納你在他們身上所看到的一切，這是你對自己能量的最終演繹方式。當你試圖摧毀任何一個扮演你能量的演員時，你其實是在摧毀自己，因為這是你選擇的反射。

　　你的生命是一場你自己的神劇，你是上帝，你是神，你是所有一切。當你試圖逃避自己時，生活中的人就會呈現出你所逃避的那一面。如果你充滿了毀滅的能量，那麼這些人就會展現出那一面，因為你還無法承認你是這一切的起源。

　　學會對所有事物保持善意，這是重新擁有並演繹你自己能量的唯一方法。這不只是一個選擇，這是創造你自己生活的方式。地獄和天堂都不是外在的地方，而是你自己內心的建築。選擇了，你的生活就是你的答案，因為你是唯一一個能決定你的能量如何創造的存在。

　　當你感到不滿或受害時，試著問自己：「這種感受來自我哪些內在的信念？」

　　當你感到準備好時，請先深呼吸，讓自己的心情平靜下來。慢慢地，對照上面的寫出的內容再次閱讀並感受內在。

　　接下來，輕聲或在心中說出：我選擇接受這些感受與信念，並放手！讓更高的神性來！

　　這是一個將自己交付於內在更高智慧的過程，接下來靜靜感受，接受和臣服帶來的變化。片刻的平靜後，再次問：還有剩下的感受或恐懼嗎？允許自己完全感受這些殘留的情緒。如果需要，繼續使用上述的句子，將自己的感受和恐懼臣服於你的更高智慧，讓它引導你處理這些情緒。

　　通過這個過程，你將能更深入地了解自己的內在狀態，並逐步學會如何以更高的覺知和智慧來轉化和解決生活中的困擾。

Chapter 41

當你用神性的眼光看待世界時，
當你不再控制生活，就正在創造它。
放手讓你的意識引領，
讓每一刻都成為創造喜樂的機會。

當你試圖改變外界來解決內在的不安，你其實只是在抵抗自己。為什麼？因為外界的一切，每個挫折、每個不順心的事件，實際上都是你自己能量和頻率狀態的直接反射。可能有點刺耳，但這就是真相。當你不舒服時，如果你能超越那些讓你不適的目光，宇宙將跳出來，按照你的新視角重置你的生活。

思考會讓人困惑，但宇宙的資源是無限的。在你的天賦範圍內，不管你做什麼，你都能不只是生存下去，還能活得風生水起。一旦你真正信任這一點，你已經在為自己鋪設一條通往夢想天堂的道路。

你在生命中專注於什麼？那正是你在創造什麼。你看待世界的方式，你選擇的詞彙，都在向宇宙下訂單。如果你不學會對自己的選擇和能量負責，那麼生活就會讓你從摔倒中學習，通過內心的毀滅讓你重新認識感恩。

如果你認為每個人都是獨立的，那你的世界肯定四分五裂。你無法改變任何人，只能改變你自己看待世界的方式。否則，任何一個意料之外的改變都可能讓你陷入瘋狂，因為你試圖去控制它。

你從未是無辜的旁觀者。所有進入你生命的事物，都是你曾經許願迎接的，每件事的起點都是一段你的思考。

如果你不願意為自己的思考負責，那麼你就得為生命中發生的一切承擔後果。如果你始終學不會這一點，你可能就得跪著走完餘生，因為你看不到其他選擇。

許多人的問題在於，他們的視角侷限於小我，這是一種有限的視角。無限屬於你的神性，唯有當你站在神性的高度，你才能運用你的能量創造。你的感恩的目光正在創造你所希望的生活，而當你用怨恨的目光看世界時，你則在為自己的毀滅鋪路。

與其在現實生活中奮力掙扎，不如在你的意識中努力。把你看到的一切都用你喜歡的詞彙留下，不需要的無視，這才是你給宇宙下訂單的能量。小我總想通過行動來改變生命，而你的神性則通過投射來改變一切。小我想要通過控制手段來對生活控制，而神性從來不需要這樣，因為真正的創造發生在你的意識之內，而不是你所投射的結果之內。

放手吧！讓你的神性引領，這就是你對自己投射的一切發出的平安信號。這樣做，你將在生活中經歷平安與喜樂。你不是在生活中被動地接受挑戰，而是積極地創造自己的經歷。這是一場遊戲，而你擁有創造規則的權力。

Chapter 42

當你將所謂的錯誤用來推動自己前進的力量時，
你就從宇宙的課程中解放了自己。
每一個障礙都是重生的契機，
學會超越就可以重新定義生活。

在這個宇宙的遊戲中，沒有什麼是真正的錯誤，只有你認為是錯誤的。有時候，那些所謂的錯誤，其實是把你推向夢想生活方式的重要一步。當你用錯誤的眼光看待自己的經歷時，你其實在創造更多的錯誤結果。錯誤不過是宇宙用來推動你前進的一種方式，沒有錯誤，你又怎會超越現狀，選擇一種全新的生活方式呢？

當你感到困惑或不滿時，如果你學不會感恩你的生命，你可能就會用毀滅的方式來學會感恩。不要試圖用你有限的目光去定義任何事物，因為那正是有限的思考方式創造了有限的生活和生存方式。如果你不學會覺察，你的生活將是一條跪著前進的路，因為你對自己創造的東西毫無意識，這就是你選擇讓別人來控制你的生命。

你所有的思想和定義都是你生命中痛苦的根源。如果你想要快樂，你必須懷抱感恩的目光，學習超越你那有限的視角，否則你就是選擇了通過毀滅來推動自己走向喜歡的生活。任何的毀滅都是為了重生，而不是為了毀滅本身，因為在這宇宙中，沒有任何東西是可以被真正摧毀的，重生需要毀滅的能量，因為只有摧毀一切既有的，你才能重建充滿希望的生活態度。

當你抱怨時，你其實是在自我毀滅，因為你不滿意自己，

才需要通過抱怨和仇恨來表達。如果你愛自己，你會包容你的整個世界，而你的世界將成為你的禮物。沒有什麼是你做不到的，除了那些你認為自己做不到的事情。你必須永遠記得你是無限的，而不是有限的，因為那種思維方式將讓你的生活變得非常有限。

對於任何事情都保持善意，你就是在用善意來滋養你自己的世界，對待你自己。因為從來沒有什麼事情是在你之外的，所有一切都在你之內。你就是所有事情的總和，你生命中的大小事都是你所選擇的視角塑造出來的。如果你認為自己是無辜的，那你就是在把選擇權交給了生命中的其他演員，而不是把它握在自己手中。當你試圖逃避你自己的責任時，你其實是在創造摧毀，因為只有那樣，你才會選擇重新拾起你的身份和責任，重新塑造你喜歡的東西。

當你遇到挫折或所謂的錯誤時，試著問自己：「這些經歷如何反應我的內在信念？」

_____

_____

_____

　　當你感到準備好時，請先深呼吸，讓自己的心情平靜下來。慢慢地，對照上面的寫出的內容再次閱讀並感受內在。

　　接下來，輕聲或在心中說出：我選擇接受這些感受與信念，並放手！讓更高的神性來！

　　這是一個將自己交付於內在更高智慧的過程，接下來靜靜感受，接受和臣服帶來的變化。片刻的平靜後，再次問：還有剩下的感受或恐懼嗎？允許自己完全感受這些殘留的情緒。如果需要，繼續使用上述的句子，將自己的感受和恐懼臣服於你的更高智慧，讓它引導你處理這些情緒。

　　通過這個過程，你將能更深入地了解自己的內在狀態，並逐步學會如何以更高的覺知和智慧來轉化和解決生活中的困擾。

Chapter 43

當我們學會全然的觀察自己，
每個瞬間都變成了選擇清晰和平靜的機會。
讓我們超越小我，
認出生活的真實面貌。

在目前人類社會中,我們常常錯誤地將注意力集中於外界的事物,尋找外在的安寧來應對內在的不安。

真正的覺察讓內在平靜不是透過讓外界一切安靜來達成的,而是通過調整自己對內在世界的態度和反應。

覺察是一種全然的觀察,對自己的所有感官體驗和思維過程的深入洞察。我們無時無刻都在覺察這遊戲內的萬有,包含感知世界的五官——視覺、聽覺、嗅覺、味覺、觸覺,還包括對內在思想、情感、慾望和衝動的所有資訊,所以覺察本就是我們主動的、持續的意識狀態,我們一直都在做這件事,問題不在於覺察的能力,而在於我們是否願意將這些覺察放在我們的意識中去主動抉擇這些資訊。

每個感官的經歷都不是隨機事件,而是我們選擇參與的結果。當我們釋放自我的限制和對外界的恐懼時,會發現自己從未真正受到威脅,那些是我們「無意識」狀態之下,認為出來的。

現在我們只是把覺察從外在事物,轉為全然的觀察自己,會開始看見通常被日常自動化行為和反應遮蔽的細節內容,例如,當你真正覺察到自己的呼吸時,你不僅僅感受到空氣進出你的肺部,你也開始注意到這個過程對你身體其他部分

的影響，比如胸腔的輕微起伏、腹部的張力變化等。當你覺察到自己的想法時，你不只捕捉到思維本身，還有伴隨這些思維出現的情緒反應和身體感受，當你有意識的接受這些資訊，你就可以選擇是否「相信」這個資訊，是否使用它。

要學習這種全然覺察內在的狀態，可以從簡單的呼吸觀察練習開始，慢慢地將注意力擴展到對整個身體的感覺、對環境的感知以及對思維和情緒的覺知。這不只是靜心的時候，才能做到的事情，可以在日常生活中的任何時刻都在實踐，比如在吃飯時，你可以全然地覺察到食物的味道、質感，以及食物與你感官的互動，在對話時，你可以注意到自己的聽覺如何作用，這些言語如何觸動你的內在感受。

目的是培養出一種整個遊戲中，我們都可以保持在有意識狀態，讓我們在任何情境下都能保持清晰和平靜，去選擇使用「什麼」資訊，並且無視那些不需要的小我噪音，最好會帶來一種更深的自我理解和對生活的深刻觀察，會發現所有一切都是我們可以選擇的，因為那些不過就是「小我」的資訊播放，我們可以選擇像個大人一樣，要相信什麼，讓自己在各種情況下做出更有意識、更有智慧的選擇。

不再抵抗，而是接受任何資訊，而是選擇我們要什麼資訊，你接納什麼，什麼就會從你體驗中消失，你反對什麼，這個體驗就必須存在，提醒你自己是合一的所有一切。

當你感到情緒激動時，你是否有一些固定的信念模式貫穿你的反應？例如，你是否經常歸咎於他人（例如常想"這都是他們的錯"）？或者你是否傾向於自我責備（例如"我總是做錯事"）？試著回顧最近幾次強烈情緒的情況，並觀察你的內在對話。

_____

_____

_____

當你感到準備好時，請先深呼吸，讓自己的心情平靜下來。慢慢地，對照上面的寫出的內容再次閱讀並感受內在。

接下來，輕聲或在心中說出：我選擇接受這些感受與信念，並放手！讓更高的神性來！

這是一個將自己交付於內在更高智慧的過程，接下來靜靜感受，接受和臣服帶來的變化。片刻的平靜後，再次問：還有剩下的感受或恐懼嗎？允許自己完全感受這些殘留的情緒。如果需要，繼續使用上述的句子，將自己的感受和恐懼臣服於你的更高智慧，讓它引導你處理這些情緒。

Chapter 44

所有法門最終指向同一真理，
每一種方法都是通往靈魂覺醒和一體合一的橋樑。

萬法歸一源

在探索生命的意義和追求內在覺醒的道路上，我們遇到許多不同的法門和修行途徑。從瑜伽、禪修到心靈覺醒的工作坊，這些看似不同的方法，其實都朝著一個共同的目的邁進，幫助我們回歸到生命的本源，實現與宇宙的合一。

所有精神實踐的終極目的並不在於外在形式的差異，而是如何引領我們達到更深層的自我認識和宇宙認識。無論途徑如何多樣，核心都是超越小我，探索更深層次的高我與更大意識相連結。

當我們在精神道路上前行時，需要保持開放性和謙遜心，不被特定的方法或形式所限。我們的目標是體驗和實現那種深刻的內在和諧與平靜，從而在日常生活中活出更豐富、更有意義的存在。法門的真正用途在於幫助我們建立一種工具，讓我們能夠在日常生活中，面對複雜的思緒和情緒時，保持一份清晰與平靜。當小我開始在我們腦中講故事，無論過去的遺憾，還是對未來的擔憂時，都能夠提醒自己：這些只不過是思想的流動，它們像雲朵一樣在我們的意識天空中飄過。這個過程並不是試圖刪除或消除這些想法，這既不可能，也不是我們的目標。我們的目標是學會如何不被這些思想所左右。當你注意到一個想法浮現時，你可以對自己說：「嗯，

這只是一個想法而已。」這句話本身就是一種提醒，提醒我們不必將每一個想法都視為事實或命令。我們可以選擇不去跟隨它，不讓它決定我們的情緒或行動。

這些想法沒有強制力，除非我們選擇相信它們。就像一條通知彈出在你的手機屏幕上，你可以選擇點擊它，也可以選擇忽略它，繼續做你正在做的事。在我們的內在世界裡，當「小我」的想法出現時，我們也可以這樣做：發現到它，然後決定是否要對它採取行動。這就是這個法門教給我們的，一種自由選擇，讓我們在思想和情緒面前保持主權的能力。

法門實踐中的障礙：慣性思維

儘管我們努力實踐這些法門，感覺它們似乎「沒用」這並不代表這些法門本身無效，而是這些工具和方法，根本沒有整合進入到我們的日常生活中。

慣性思維的影響

我們的大腦善於形成模式和習慣，這讓我們能夠在沒有意識的情況下執行很多任務。這種慣性思維也很容易在面對新的挑戰或想要改變時，回到舊有的思維和行為模式中。當我們嘗試新的法門或選擇時，如果期望它們立即解決所有問題，而沒有意識到改變需要時間和持續的努力，我們可能會

過早地判斷這些方法「沒用」。

持續實踐的重要性

真正的轉變和成長來自於持續不懈的實踐和自我反思。當我們發現某個法門似乎沒有帶來預期的改變時，這實際上是一個機會，讓我們檢視自己的內在態度以及我們如何使用這些法門。是不是我們只是表面上接受了這些法門，而沒有真正將它們內化為我們的日常生活一部分？我們是否真的給予自己足夠的時間和空間，去體驗和實踐這些方法帶來的改變？

態度和期待的調整

對於任何法門的有效性，我們的態度和期待扮演著關鍵的角色。當我們對成果有不切實際的期待，希望通過最小的努力獲得快速的解決方案時，我們可能會對這些法門的效用感到失望。請以開放和耐心的心態來接受這些法門，願意在長期內持續實踐，我們會發現即使最簡單的法門也能帶來深遠的影響。

當我們覺得某個法門"沒用"時，需要更深入地了解自己的內在態度和期待，並且持續地、有意識地實踐這些法門，直到它們真正成為我們生活的一部分。轉變和成長是一個漸

進的過程，需要時間、耐心，以及對自己的持續觀察。

使用什麼方法真的沒關係

　　既然所有法門歸根結底追求的是相同的目的，幫助我們實現內在覺察和回歸本源，那麼我們在選擇使用它們的時候，就沒有必要限制自己只能使用特定的方法。關鍵是找到那些能夠幫助我們迅速回到內在覺察狀態的工具，某個方法在某個時刻對我們更有效，我們完全可以靈活切換使用，就像修理東西需要選擇合適的工具一樣。

　　一個方法之所以對某人有效，是因為它恰好與當下的內在狀態和需求相匹配，能夠幫助他們打開通往更深自我理解和宇宙認識的大門。

　　並且需要對選擇的法門持有信心，這種信心並非盲目，而是基於對這些工具能夠幫助我們達到目的的認知和理解。當我們對一種方法抱有信心時，我們已經在自己的內在轉變設定了一個積極的期待和開放的態度，這為內在工作創造了有利的條件。在生活中，我們在使用任何工具之前，都會基於對它的功能和效果的理解來選擇是否使用它。當我們對一個法門沒有信心，實際上我們已經在內心為它設定了「無用」的預設條件，這種態度本身就限制了它幫助我們實現目的的可能性。

　　當我們探索和實踐不同的精神法門時，要相信它們能夠促進我們內在成長和覺察，這種的信心是非常重要的，來源於我們對法門本質的理解，以及它們如何助我們達成內在轉化的見識。

Chapter 45

真理穿越時空，
每一代的新語言都是對當前時代的禮物，
通過融合古老與新時代真理，
我們點亮了自由的道路。

　　每個時代都會有獨特的語言和表達方式，以及對應的理解和覺知者，古代的智慧，例如佛陀，所傳達的教導，雖然深奧，卻是用那個時代的人們能夠理解的方式來表達的。

　　古時代，由於缺乏現代通信技術如基地台、電腦和雲端技術，教誨必須以極為直觀且貼近生活的方式進行傳遞。例如，佛陀用一粒種子的成長來比喻因果論──種子的播種是因，而種子最終發芽成長為果。祂們用自然界的規律和日常生活中的例子來闡述深遠的真理，這種表達方式，對當時的人來說，是最直接、最易於理解的。在當時，這種教學方法非常有效，因為它直接引用了人們日常生活中的實際經驗，淺顯易懂且不易忘記。隨著時代的發展，我們的語言、溝通方式和認知結構也在不斷變化。現代社會有了科技、網路、心理學等新的工具和領域，這些都成為我們探索和表達內在真理的新教材。將古代智慧翻譯成現代語言，是一種必要。這樣做能讓更多人理解並應用這些深奧的教導，以適應當前的生活環境和挑戰。這不代表古代的方法過時或不再有價值，而是真理是超越時間的，它可以通過不同的方式在不同的時代被重新發現和理解。正如宇宙法則一樣，每個時代都會出現新的覺知者，他們以當代的語言和方式，將古老的智慧重新詮釋，讓它對當代的人們來說更加貼近、更易於接受。我們應該保持開放和尊重的態度，不僅尊重古代的智慧和方法，

也接納和探索現代的表達和實踐。真正的智慧在於理解，不同的時代、不同的文化背景下，都有它們獨特的價值和意義。這種跨時代的對話和傳承，正是人類文明進步和精神成長的重要途徑。在這條道路上，沒有所謂「最好的法門」，只有最適合當下集體需要的方法。探尋真理的路徑上，沒有唯一的正解，只有最適合當下情況的答案。迷戀某個所謂「最好的教導與法門」，忽略了真正的需求和時代的變化，本身就是一種問題。真正的智慧在於辨識並適應當下的需要，選擇哪些是找到當前最符合自己個人成長階段的方法。執著於一種單一的教導與解決方案，而忽視了環境的演變和多樣性的本質，反而會導致停滯不前，無法真正回應內心深處的呼喚。靈活性和開放性成為了這個尋求真理路上的關鍵，讓我們能夠在不斷變化的世界中，找到真正適合自己的那條路。

　　我對古代的教導方法持有哪些信念？我是否認為因為古老的起源而自動擁有更高的智慧或價值？

我對新時代的靈性教導方法和工具持有哪些預設信念？
是否因為它們的新穎性就認定它們更無或有效的信念？

當你感到準備好時，請先深呼吸，讓自己的心情平靜下
來。慢慢地，對照上面的寫出的內容再次閱讀並感受內在。

接下來，輕聲或在心中說出：我選擇接受這些感受與信
念，並放手！讓更高的神性來！

這是一個將自己交付於內在更高智慧的過程，接下來靜
靜感受，接受和臣服帶來的變化。片刻的平靜後，再次問：
還有剩下的感受或恐懼嗎？允許自己完全感受這些殘留的情
緒。如果需要，繼續使用上述的句子，將自己的感受和恐懼
臣服於你的更高智慧，讓它引導你處理這些情緒。

通過這個過程，你將能更深入地了解自己的內在狀態，
並逐步學會如何以更高的覺知和智慧來轉化和解決生活中的
困擾。

Chapter 46

在你的一生旅程中，
學習當無限的本身，
是一條永無終點的道路。

　　現代人對於覺醒的理解常常充滿了誤區，許多人誤以為，一旦覺醒，就能夠脫離人間的一切瑣事，甚至認為可以無所作為、不負任何責任。這種觀點淺薄，也極具誤導性。覺醒並不意味著你從此與世隔絕或者身處於某種超然的狀態，不再需要面對人生的種種挑戰。

　　事實上，覺醒只是讓你從自我造成的煩惱中解脫出來，一種更加寧靜與平和的心態去體驗生活，就能創造無限，所有你喜歡的生活與東西，因為你與宇宙同頻共振。

　　但這並不代表你的人生會一帆風順，小我的慣性仍然存在，你的習慣、思維方式仍會受到過去的影響，所以你需要不斷打破這些限制性，不斷提醒自己站在神性的角度觀看這些，之後與宇宙同頻共振，你就活成無限的創造性表達樣貌。

　　覺醒是旅程的開始，而不是終點。它讓你看到生命的一切，不論是喜悅還是痛苦，都是這場宇宙遊戲的一部分。你開始以一種遊戲的心態來體驗生活，而不再被小我所製造的恐懼和限制束縛。你學會將自己從情緒解放自己，徹底自由，不再因身體或思維上的煩惱而苦惱。

　　你開始意識到自己不是這個身體或這個思維，而是宇宙的一部分，是創造自己經歷的神。

當你完全自由後，會發現自己就是人生遊戲的創造者與自己宇宙的神。

你開始理解自己就是宇宙，實際上，你就是神。你有權選擇如何體驗這場生命遊戲，不再被小我所綁架，不再為人間的紛擾或未來的不確定感到擔憂。你認識到自己僅僅是「存在」，是遊戲中的角色，是宇宙一體中的一個部分，永遠與宇宙相連，成為這個遊戲中不可或缺的一員。覺醒並非逃避現實的途徑，而是一種深刻認識到自己與宇宙萬物不二的狀態，是真正自由和平安的開始。

你開始從一個更高的視角看待自己的人生，這個視角超越了人間的局限和煩惱。你知道即使在面對困難和挑戰時，這一切也只是生命遊戲中的一部分，你可以從中學習、成長，甚至找到樂趣。你不再為了追求社會的認可或是害怕失敗而活，因為你已經認識到自己的本質遠遠超越這些表面的評價。你的行動不再是基於恐懼或是自我保護的需要，而是出於愛、出於對整個宇宙遊戲的理解和尊重。覺醒也意味著你開始認識到自己與他人、與自然、與整個宇宙之間的連結。你不再視自己為孤立無援的個體，而是宇宙大家庭中的一員。

這種轉換讓你的心態和行為發生了根本的變化，你開始更加關心和諧共處，而不是競爭和對立。覺醒的旅程並非一

帆風順，它充滿了挑戰和考驗。但正是這些挑戰和考驗，讓你的覺醒之路變得豐富多彩。

　　每一次克服困難，都是對你本質的探索和確認，每一次的學習和成長，都讓你更接近那個最真實的自己。覺醒不僅僅是一個目標或終點，它是一種過程，是一種持續的自我發現和自我超越的旅程。在這條路上，你會學會如何以更加開放和包容的心態去體驗生命的一切，學會如何在這場宇宙遊戲中找到自己的位置，並享受其中。

國家圖書館出版品預行編目 (CIP) 資料

真相 = The turth/TARA(泰拉) 著 . -- 一版 . -- 臺北市 : 速熊文化有限公司 ,
2024.06
236 面 ; 14.8 x 21 公分
ISBN 978-626-97719-7-4(平裝)

1.CST: 自我實現

177.2   113007765

書　　　　名：真相

作　　　　者：TARA（泰拉）

出　　版　　者：速熊文化有限公司

地　　　　址：臺灣臺北市中正區忠孝東路一段 49 巷 17 號 3 樓

電　　　　話：(02)3393-2500

出 版 日 期：2024 年 6 月

版　　　　次：一版

定　　　　價：台幣 330

Ｉ　Ｓ　Ｂ　Ｎ：978-626-97719-7-4

台灣代理經銷：白象文化事業有限公司

　　　　　　　　401 台中市東區和平街 228 巷 44 號

　　　　　　　　電話：(+886) (04)2220-8589

　　　　　　　　傳真：(+886) (04)2220-8505

法 律 顧 問：誠驊法律事務所 馮如華律師

著作權管理資訊：如欲利用本書全部或部分內容者，須徵求著作產權人同
意或書面授權，請逕洽速熊文化有限公司